大家小小书

篆刻　王兴家

中国历史小丛书

主　　编	吴　晗			
编　　委	丁名楠	尹　达	白寿彝	巩绍英
	刘桂五	任继愈	关　锋	吴廷璆
	吴晓铃	余冠英	何兹全	何家槐
	何干之	汪　篯	周一良	邱汉生
	金灿然	邵循正	季镇淮	陈乐素
	陈哲文	张恒寿	侯仁之	郑天挺
	胡朝芝	姚家积	马少波	翁独健
	柴德赓	梁以俅	傅乐焕	滕净东
	潘絜兹	戴　逸		

新编历史小丛书

主　　编	戴　逸			
副 主 编	张传玺	唐晓峰	黄爱平	
总 策 划	韩　凯	张　淼	李翠玲	
执行策划	安　东	吕克农		
编　　委	王　玮	王铁英	孔　莉	孙　健
	刘亦文	李海荣	沈秋农	高立志
统　　筹	高立志			

新编历史小丛书·史话

中国古代妇女生活史话

田家英 著

北京出版集团
文津出版社

贵州出版集团
贵州人民出版社

图书在版编目（CIP）数据

中国古代妇女生活史话 / 田家英著. —— 贵阳：贵州人民出版社，2023.12
（新编历史小丛书. 史话）
ISBN 978-7-221-18100-8

Ⅰ.①中… Ⅱ.①田… Ⅲ.①女性-社会生活-历史-中国-古代 Ⅳ.①D691.968

中国国家版本馆CIP数据核字(2023)第211030号

新编历史小丛书·史话
中国古代妇女生活史话
ZHONGGUO GUDAI FUNÜ SHENGHUO SHIHUA
田家英 ◎著

出 版 人	朱文迅
责任编辑	杨 礼
装帧设计	陈 电
责任印制	蔡继磊

出版发行	北京出版集团　文津出版社
	贵州出版集团　贵州人民出版社
地　　址	贵阳市观山湖区中天会展城会展东路SOHO公寓A座
印　　刷	贵州新华印务有限责任公司
版　　次	2024年2月第1版
印　　次	2024年2月第1次印刷
开　　本	880 mm×1230 mm　1/32
印　　张	3
字　　数	44千字
书　　号	ISBN 978-7-221-18100-8
定　　价	18.00元

如发现图书印装质量问题，请与印刷厂联系调换；版权所有，翻版必究；未经许可，不得转载。

编者的话

解放初期,在北京召开的中国妇女第一次全国代表大会,决定出版《新中国妇女》杂志。一九四九年七月一日,《新中国妇女》与读者见面了。当时在刊物上开辟的妇女问题、时事讲座等专栏,得到有关方面负责同志、专家、学者的大力支持,积极撰稿,其中一位就是田家英同志。那时,田家英同志担任毛主席的秘书,并兼任其他职务,工作相当繁忙,但他还是欣然应约,连续写了《中国妇女生活史话》。为适应一般妇女群众的文化知识水平,文稿以朴素的语言、生动的笔触,深入浅出地介绍了我国古代妇女的地位和生活状况。作者打算沿着历史的顺序,一直写到半殖民地半封建社会的妇女生活,可是由于工作忙,只写到第三章,便不得不搁笔了。对此,我们至今深感遗憾。

田家英同志幼年相继丧失父母,无法继续上

学。但他立志"走遍天下路,读尽世上书",自强不息,勤学苦练,十四岁就靠卖文为生。他小小年纪,忧国忧民,积极参加成都抗日救亡团体和救亡运动。一九三七年,他在我党地下组织的指引下,毅然奔赴革命圣地延安。自此,田家英同志攻读马列主义,重视自我改造,经常联系群众,注重调查研究。他的兴趣广泛,博学多才,喜欢研究中国历史,尤其是近代史、中国共产党党史。同志们亲昵地称他为"秀才";他的确是自学成才的模范。

田家英同志忠于党的事业,维护群众利益,襟怀坦白,刚正不阿,常以"苟利国家生死以,岂因祸福避趋之"(林则徐语)自勉。当"文化大革命"的序幕刚刚拉开,反革命集团就迫不及待地置他于死地。他的爱人——《中国妇女》杂志社社长董边同志,为此也受到了株连,被严重迫害达十一年之久。

历史是公正的。田家英同志和董边同志的冤案已经彻底平反。今天,我们重读《中国妇女生活史话》,仍然觉得是一本用唯物史观介绍妇女生活历史的好读物。我们将它汇集成书,除了满足读者的需要之外,并借此表示对作者的深切怀念。

我们在编辑过程中,只就明显的笔误和个别词句做了必要的改动,尽量保持原作的本来面目。至于以哪个朝代作为我国奴隶社会与封建社会的分期界限,本是我国史学界长期讨论的题目。处在二十世纪五十年代初期的作者,在《中国妇女生活史话》中专指商朝为奴隶社会,认为西周已进入封建社会,与近年来史学界关于我国奴隶社会包括夏、商、周三朝的看法,是不一致的,我们尊重原作,未做修改。

一九八二年二月

目　　录

第一章　中国古代传说中的妇女生活……… 001
　一、从"女娲氏"说起……………………… 001
　二、"民知其母，（而）不知有父"
　　　与姓字的起源…………………………… 007
　三、女人出嫁的开始……………………… 010
　四、"父"与"诸父"……………………… 014
　五、女俘虏和最早的买卖婚姻…………… 018

第二章　中国奴隶社会中的妇女生活……… 021
　一、"一妻一夫"与最初的贞操…………… 022
　二、女巫——最早的娼妓………………… 028
　三、妾……………………………………… 031

第三章　中国早期封建社会中的妇女生活… 035
　一、宗法制度……………………………… 036
　二、古代的结婚与离婚…………………… 042
　三、古代的结婚与离婚（续）…………… 051
　四、做媳妇的道理………………………… 057
　五、再说"妾"…………………………… 062
　六、最初的封建城市与最初的娼妓制度… 073

第一章　中国古代传说中的妇女生活

咱们中国也和世界上一切的国家一样,曾经经过一个叫作原始社会的阶段。那个社会离现在大约有四千来年。那时候,人们谋生的本领还非常之小,任何一个人如果要单独生活,就会找不到足够的食物,遇到猛兽还会送掉性命,所以都是许多人结成团体,集体生活,共同劳动。那时候,在集体劳动里生产出来的一切东西,都归大家公有,不能属于任何私人。那时候,没有剥削,也没有阶级,谁也不能压迫谁。

在那个社会里的妇女们是怎样生活的呢?

一、从"女娲氏"说起

在人类历史上,曾经有一个议论过很久,也很有趣味的问题:最初的人是哪里来的?

照老话说，一切东西总是古时候的神人造的，人的本身也不例外。欧洲有"上帝七天造人"的故事，咱们中国也有一个类似的神话，叫"女娲造人"。

汉朝人应劭搜集了许多古代的传说，写成一本《风俗通义》，上面有一段记载：在天地刚刚开辟的时候，还没有人类，有一个叫女娲的女神，用黄泥来捏人，她天天捏，只要捏上一个脑袋两条胳膊两条腿，世界上，便出现了一个人。可是这件工作怪麻烦的，后来她想出了一个省事的办法，把草编的绳子合在黄泥里面，一拉起来，就造出了许多人，又有黄泥又有草，这就有了区别。据说那些有钱的做官的人，都是黄土变的；穷人却是草变成的，所以叫"草民"。女娲造人之后，又创设婚姻制度，从此以后的人类，就不再需要她亲自动手制造了。

关于女娲氏的故事，从春秋战国以来，就已经流传很广。据说她不但造过人，还补过天。汉朝人刘安作的《淮南子》上说，上古时候，天坏了，地裂了，洪水横流，人们都无法活了，女娲便炼五色石把天破了的地方补起来，又用芦草灰把地陷下的窟窿填起来，阻住洪水，人类才得以重新安居。女娲做这样伟大的事，当然很了不起，我们现在还可以从汉代的石刻和道教的经书上看到她的画像。一颗漂亮的女人头，身子是一条蛇或者一条龙。也有人说她一天能变化七十个样子，脖子上长了五十个头。现在大家都知道人是动物进化来的，人的劳动创造了世界，那些"造人补天"的传说，一看就知道这是荒唐的话。

然而，这个传说并不是毫无意义的。中国古代有许多传说，都或多或少地反映了原始社会里我们祖先的一些生活事迹。因为古代的人还没有文字，一切故事，都只能靠脑子记下来，人们死了，故事仍然存留着。从父亲传给儿子，一代一代地留传下来。可是由一只耳朵传到另一只耳朵，事情就会变点样，一部分是忘掉了，一部分是后来的人有意穿插进去，以蒙蔽真相，为自己辩护的（如穷人是草民之类的话）。这些故事，大多加以神化，把许多人干的事情加到一个人的头上去，变成怪诞不经的了。但是只要我们费心思去想一想，仍然可以从这类故事里面了解到一些古时的事情，比如中国传说里的"有巢氏架木为巢""燧人氏钻木取火""伏羲作网罟，以畋以渔""神农之时,以石为兵"等。就是表示远古时候,人们曾经经过巢居,在一定时期发明了用火和畜牧,使用过石器。女娲氏的传说也是代表了古代人们生活的一种情形。

原来在原始社会里,男人们每天拿着石斧、石枪、石箭和草麻编的网子出去打猎、捉鱼,女人们便领着孩子采集果实,同时还要保管工具和男人搞回来的东西。在发明了用火之后,又要把食物烧熟,分给大家吃。女人们因为采集果实,有了畜牧之后,为家畜储备野草,看到果核和草籽落在地里,后来又会出芽生长,这样她们发明了种植。原始人的头脑简单,还算不出比自己指头更多的数目,男人们捉回了多少野兽,自己也闹不清。天天看到的倒是女人把东西给他吃,再加上打猎、捉鱼是不可靠的事,往往好几天都打不到,果实却是可以保存的,种植出来的东西更是多得很,于是渐渐地在男人的头脑里形成了靠着女人生活的概念。因为女人执掌了经济的大权,所以在原始社会里很长一段时间内,是女性中心社会。

女娲的传说,就是反映了这个事实。在原始社会里防避野兽,养育和照护孩子,都是女人的事。所以"造人"的事便完全算在女娲——古代女人的代表者的头上了。那时的女人曾经是社会里的中心人物,所以"补天""止水"那样关系大家生存的大事,也算在女人的头上。从前在男性中心的封建社会里还有人把女娲称为"娲皇",或者说她是上古时"三皇"中的"地皇",这些意思都是表示,古时候曾经有过女人主事的时候,后代人就以为像后来的皇帝一样。

妇女的地位,是由她们在经济生活中的作用和一定的生产关系来决定的。在原始社会里女人没有脱离生产劳动,在经济上占了重要的地位,所以社会地位也就很高。女娲氏就是那种社会中一个部落的女主事人,而在当时却不知道还有多少像"女娲"这样的人物。

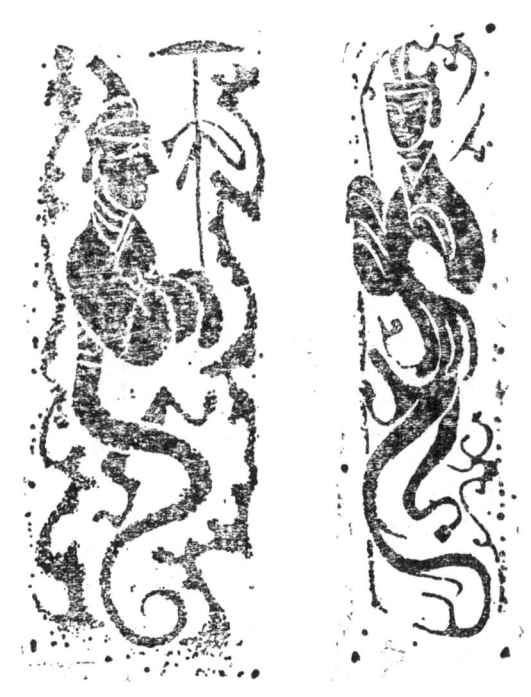

河南南阳军帐营汉画像石墓墓门中柱石两幅,正面刻伏羲、女娲,上身着衣,下露蛇尾,相对而立,伏羲执矩,女娲执规。

二、"民知其母,（而）不知有父"与姓字的起源

在原始社会里，所以会有女性中心社会的存在，除了由于妇女们掌握了社会经济的权力，另外还有一个重要的原因，就是男人"出嫁"的结婚方法。

最早的人类成群地住在树上或者岩石洞里，肚子饿了，就成群地拿着粗糙的石头工具出去找东西吃，捉住鸟兽，便先在它的身上钻个窟窿喝它的血，然后一面把皮剥下来，当作衣服，一面吃它的肉。在这种原始的人群里面，并没有亲戚、兄弟、夫妇的分别，也没有"上下、长幼"的分别，大家行动休息，都在一块，男女性交也不分父女、母子、兄妹和姊弟。

这样的生活，不知过了多少万年，人们发明了用火，把东西烧熟来吃，这样吃东西，营养更好，人的后脑便长得更大。制作工具，也懂得了利用火的帮助，把硬的石头放到火里烧过再制，工具便大大改善。人类谋生的方法更多了，产生了男女老少的分工，把老年、壮年、幼年的

男人和女人各分成三群，各干各的事。由于这种分工，就产生了一种办法——结婚，实行同辈兄弟姐妹的集团结婚，生下的孩子，作为大众的儿女，由大众养育。孩子们也就只认得自己的妈妈，不晓得谁是他的亲生父亲。中国古书上记载下这个事实，叫作"燧氏之民，知母而不知有父"。后人把古代的人都看作了不起的人物，可是这些"伟人"，都查不出一个生他的父亲来，岂不糟糕得很？于是便发生了"圣人皆无父，感天而生"的传说。比如说：有个叫安登的女人在路上游逛，看见一个龙头的神人，心里一动，就生了神农；伏羲的母亲踏了巨人的足印，回去就生了伏羲；一个叫附宝的女人，望见一道流光，肚子就渐渐大起来，后来生下黄帝；庆都和红色的神龙性交而生尧；大禹的妈妈吞下一颗珠子而生禹；等等。

咱们的祖先，在那种生活里，又不知过了多少万年，逐渐地懂得了畜牧，发明了渔网、弓箭和把树干挖空浮在水上的船。这样，在一个较小的地方不能够养活更多的人了，人们的住地开始稍为固定，居住邻近的各个人群，在劳动时的接触也就多了。这又使他们改变了结婚的办法，实行不同人群间同辈男女的集团结婚。因为那时各个人群的财产都由女子经营，她离开不得，所以是一群男人出嫁，一群女人讨丈夫。那时候的男人要嫁出去，并且嫁了以后还要跟着老婆姓。现在我们从战国时代人写的《国语》《世本》上还可以找到好些关于这个事实的记载。譬如说：黄帝有二十五个儿子，但同姓的只有两个。祝融的儿子分嫁到八姓。舜的子孙嫁到十二姓。在这种结婚的制度之下，所生的子女也都住在母亲的地方，跟着母亲姓，所以中国的"姓"字是从女从生，古时的姓也多是女字旁的，如：妻、姬、姞（音吉）、姚、妫（音龟）、姒（音似）、嬴（音盈）、姺（音身）、媒等。

在那个时候，只有女子才能传宗接代，群团的财产，只能传给女儿。团体的公共职务，如果需要男子充当的，只能从娶进来的女婿里面挑选。本群团的男子也只有在他们老婆的团体里才有被选的资格。那时候，群团的首领，是经过开会选出的，首领自己的女儿女婿，由于日常生活都在一块，对于妈妈和丈人的工作经验，比旁人总是容易学到。所以每次推选新首领时，当选的往往都是老首领的女儿和女婿。这样就慢慢养成母女和翁婿相传的习惯,但却没有父子相传的。那时当选的首领,只是给大家服务,和大家一样地参加劳动,并不享受什么特殊权力。我们现在从《尚书》《孟子》《史记》等书上看到的关于尧、舜、禹的故事,就是说的这个事实。舜是尧的女婿,尧试验他会不会办事,试了二十八年,然后把他推荐给大众,由大众选举舜做新的首领;舜死之后,大众又选出禹来,继承舜的工作。后世的读书人和老百姓看惯了官吏帝王们的争权夺利,对于那种不把职位当作私产的事情,简直不可想象,于是就把那些人称为"圣人",把那个世界传为"盛世",把那种推选的办法叫作"尧舜禅让"。

三、女人出嫁的开始

那种女性中心、妇女主事的事情,并不能永远地存在下去。事情的发展是翻了一个大转,后来变成相反的男性中心、家长制度了。女人从占着很高的社会地位,变成为从属的地位了。

这个变化,在当时是一件进步的事。引起这个变化的原因,仍然是人类经济生活的发展。

我们的祖先在很长一个时期内使用石器，后来由于制造石器的办法进步，经常把坚硬的铜矿石放进火里去烧，就慢慢地烧出铜来，于是发明了冶铜的办法；又渐渐懂得把泥土做成模型，倒进铜汁，铸成各种工具。中国古书上说，"禹穴之时，以铜为兵"（兵，武器），就是指的这件事。铜器比石器锋利，有了它，人们自己就能开辟牧场，种植牧草，比从前使用更少的人力，却能看管更多的牲畜，同时又能把泥土挖得更深，开荒种地，把过去栽种植物的简单农业发展起来。这样一来，人类生活上的流动性更加减少了，劳动力比较固定，又慢慢地出现了村庄。男人由于力气较大，在生产中就显得作用非常重要，他们开始过问家族的生活，也开始参加管理团体的公共财产。这样，女人手里的权力，就渐渐地落到了男人的手里。

据周朝人和汉朝人写的《孟子》《庄子》《韩非子》《竹书纪年》《淮南子》《史记》等书上的记载，到了有个叫"启"的人的时候，男人在经济上占着重要地位已经成为普遍的事情。据说启是一个首领的"少爷"，他的爸爸死后，他就领导着大家发起了一个"男权运动"，要求修改老规矩，主张女人出嫁，男人娶妻，子女跟着爸爸姓，团体里的公产由男子管理，首领的儿子接替他的爸爸做首领。当时曾经有一些守着旧的生活习惯的人起来反对，但由于这个办法实行起来实在方便，大多数人都赞成它，"男权运动"终于胜利。这时候大部分的女人也赞成这个办法，因为她们在经济生活中的作用已不再重要，许多生产上的事情都不大闹得清了，要她们再来管理，倒是怪麻烦的。后人讲到这个故事，叫作"夏禹传子"，说那位死了的老首领，就是夏禹。其实呢，禹和启活着的时间（如果真有其人的话），不知道还相隔着多少千年。

从此开始，女子长到一定的年龄，就要嫁出去，有点像后来社会的婚姻制度了。但是那时的嫁娶和后来的有个很大不同，女人出嫁还是和从前男人出嫁一样，男女的地位都完全平等，谁也不能压迫谁，所以女人对于出嫁都是高高兴兴的。从此时起，人们就能找出谁是谁的祖父、爸爸、儿子和孙子，能够修成男性血统关系的"家谱"了。也从此时起，男子成为当然的传宗接代人，父亲的职务和财产都由儿子继承。这种制度，在最初实行的时候，还有一段时间不大严

距今五千多年的山东大汶口文化,反映了母权制日趋崩溃、父权制逐步来临的时代。这是一九五九年发掘的八座男女合葬墓中的一号墓,随葬品五十五件放在男子身边,是男子占有财产的象征。女性偏居于正穴的一侧,则是女性屈从男性的一种突出反映。

格，比如启的子孙有一个叫太康的死了，是由他的弟弟仲康承继的。最初也还保留着一点从前的选举手续，老首领死了，大家还要坐到一块来形式主义地推举一下他的儿子，到后来，就连这种形式也没有了。儿子承继父亲的职权，成为"天经地义"的事，如果有一个人还照先前的老样子，把自己的职务交给女儿，别人倒觉得奇怪，会把他当成疯子的。

四、"父"与"诸父"

到这里，我们就想讲一讲古时候家庭起源的问题。

在人类的生产事业由主要是渔猎发展到牧畜的时候，人的住地便比从前固定一些，男人也不需要再像打猎那样经常到处跑了。在这样的情形之下，原来那种按男女老少分工组织的办法，就有了改变，在群团里分成了男女老少混合的许多小组。这种生产上的分工，又改变了人们结婚的方式：每个女人都有了一个主要的丈夫，每个男人都有了一个主要的妻子，叫作"对偶婚"。说是"主要"，就是说还有"次要"的，那时候每个人除了自己的主要丈夫或者妻子之外，还可以和同组的其他人进行性交，双方都不得干涉。在一群人里面，除了主要的丈夫或者妻子，所有的男人就都是所有女人的次要丈夫，所有的女人也都是所有男人的次要妻子。这种互相间可以发生性交关系的小组，就是开始的氏族，主要的丈夫和主要的妻子就是最早的对偶家庭。

这样，人类发生性交关系的范围比较小了，生下的孩子也就可以认得谁是他的父亲、祖父和祖母，认识的方法非常简单：自己母亲的主要丈夫，就是自己的主要父亲，和自己母亲同组的其他男人，都是自己的次要父亲。当然，这种"主要""次要"的分别，对于儿子说来，只是名义上的，很可能次要父亲倒正是自己的亲生父亲。认识自己的祖父、祖母的方法也是这样。我们的祖先曾经这样生活了很久，现在我们从殷代（那是中国的奴隶社会）的遗物中还可以看到关于这个事实的残留下来的一些记载。清朝末年和民国初年，人们在河南安阳小屯村（那是当时殷朝的国都）挖出了许多兽骨和龟甲，上面刻着一些弯弯扭扭的线条，那就是古时的文字，因为当时没有纸，也没有笔，要写字，就只能用刀子来刻，这种文字叫作甲骨文。甲骨文里关于父亲有"大父""仲父""父甲""父庚""父辛""父日己""父日癸""父日辛"……的分别。大约这"大父"就是主要父亲,其他的"父"都是次要父亲。殷朝人祭祖先的时候,在牛的肩胛骨上还刻着对"大祖日己""祖日乙""祖日丁""祖日辛"等,各供些什么东西的话,就是把主要和次要的祖父一个一个地编起号来。

到人类发明了用铜,农业大为发展,种地不像打猎畜牧,虽然那时是采用集体耕地的办法,但在一块地上生产的人,数目上总是比较少些。这时已有了村庄,人的移动比较小,于是女人带着她的主要丈夫、孩子和用具经常地固定住在一个地方,这就是最早的家庭。从前用石锄挖地,地挖得浅,土地种过一年就不要了,改用铜器之后,地挖得较深,三五年轮流耕种一次,也能有收获。氏族开过的地,就慢慢地变成为一种公产。后来氏族团体把耕地划成许多小块,分配给各个家族,由每个家族去独立经营。这样,家庭的形式就更加完备,成为一个小的经济单位。不过这时各家族耕种的收成仍归氏族团体公有,各家族的吃穿,统由团体供给。家庭出现之后,主要的丈夫、妻子和次要的丈夫、妻子发生性交关系的机会越来越少，到后来慢慢成为习惯，性的关系基本上只在主要丈夫和主要妻子两人之间，成为最早的"一夫一妻"制的家族了。

"传子"的规矩兴起来，变成为男性中心社会以后，又在这种婚姻制度上面加了一个家长制度，做父亲的男人是一家之长，家庭里的生产生活统统由他管理。氏族分配土地，先是一年分一次，慢慢地改为三五年一分，后来就分定了，干脆不再重分。耕地上的收成，也由氏族公有，慢慢地变为各家族私有，听任各家族自耕自收，只向氏族交纳公费。那时候的农业劳动虽然还很原始，但各人劳动所得，除养活自己之外，多少总有些剩余，各家把交了公费后还吃不了的保存起来，于是人们便由先只有私有工具，变成有了私有财产。家庭的财产当然是由家长全权处理。有了私有财产，人们的私有观念就发展起来，渐渐地家长把妻子、儿子也当成为他的私产，和财产一样地由他全权处理。有了私有观念，人的脾气就越来越怪，打骂儿子、妻子的事也渐渐多起来，儿子、妻子和家长间的地位也显然不平等了，《易经》上说，家人有严君焉。就是说家长是家里很严厉的人。汉朝人许慎作的《说文》上对"父"这个字有个解释,说:"父,巨也,家长率教者,从又举杖。"翻译成现在的话,那意思是:父,是大得了不得的人物,是一家的头子,管教全家的人。父字的古写,上面两点本是连着的,是一条弯曲的手杖,下面画一个手(ヨ),用手举木杖来代表"父",就是说他可以随便打人。

五、女俘虏和最早的买卖婚姻

自从出现了家族和私有财产,就真的所谓"天下从此多事矣"!由于私有财产的加多,各个氏族团体之间,便常常发生抢掠财产的事,战争一天一天地多了起来。战争中被打败的一方,不但财产被人抢去,连人也当了俘虏。过去各人劳动所得吃穿之外没有什么剩余,抓到的俘虏便常常是杀了,或者收作养子,和大家平等生活,现在处置的办法不同了,把他们用作奴隶,强迫给自己从事劳动。女俘虏比男俘虏更要倒霉,除做奴隶之外,还要给人做小老婆(甲骨文上叫"妾",但和咱们现在说的妾的意思不同,这话留到后面再说），这种小老婆也就是别人的一宗财产，父亲死了可以由儿子承继，做儿子的小老婆。小老婆的生活苦得很，所以那时的妇女非常害怕当俘虏，《易经》上有一段描写这事的话，说："乘马班如，泣血涟如，匪寇婚媾。"就是说一个女人听到马蹄的声音，便惧怕得眼泪不断地流了下来，因为她知道来了强盗，要把她抢去，强迫和她性交。

在家长制度之下，妻子（尤其是"妾"）既然被看成为男人的财产，买卖妇女的事情也就渐渐地发生了。《竹书纪年》上曾说伏羲"制嫁娶，以俪皮为礼"。这种事是否真的出现在传说中的"伏羲时代"，我们且不管它，但这确是表示在原始社会末期已发生了最早的买卖婚姻。那时人类的经济生活最多还只是物物交换，买老婆，是用鹿皮来换的。

战争一多，那些常常出去作战的人，便慢慢地结成为一个军事集团，他们脱离生产，专靠打仗过活。打仗得来的财物，最初还把一部分交给氏族团体，后来便完全不交，彼此分了，捉回来的俘虏后来也不交公，带回家去做自己的奴隶。这样，他们的家族，就慢慢地成了富户；受到相反遭遇的家族,便成了穷人。

　　后来这种家长制的家族财产,使用奴隶劳动的制度、家长制的婚姻,到处都实行起来,社会上出现了剥削人、压迫人的奴隶主和被剥削、被压迫的奴隶阶级,从前那种群团和氏族公有财产,人们都平等生活的原始社会就走到崩溃了。从原始社会末期以来,男女的地位就开始不平等,在以后的阶级社会里,情形更加严重。妇女被压迫的事实,是和私有财产、剥削与阶级的产生同时产生的,所以妇女解放的斗争一定要和被压迫阶级的斗争一道,妇女解放的问题一定要和被压迫阶级解放的问题一起解决。

第二章　中国奴隶社会中的妇女生活

原始社会崩溃以后，就出现了有阶级的社会。人类历史上的第一个阶级社会是奴隶社会。在那个社会里，人们已经普遍使用金属工具（铜器、把铜和锡熔合起来的青铜器，到后来还开始使用铁器），在畜牧业与农业之外有了手工业生产。那个社会里主要从事生产的人是奴隶。在社会人数中占着少数的奴隶主，却把财富、土地、工具等都弄到自己手里，强迫着把大多数人变成奴隶，来为他们劳动，来养活着他们。奴隶社会在人类历史上第一次有了国家政权的组织，那个国家政权，完全是代表奴隶主的利益，压迫奴隶的。奴隶社会里那样野蛮残酷地压迫人、剥削人，把人不当人，照我们现在看来，简直是"岂有此理"，可是比起原始社会，奴隶社会是一个大的进步。俘虏用作奴隶，总算留条活命，比杀来吃了好；大规模奴隶劳动的使用，使农业和手工业的生产大大提高。如果没有奴隶社会，就不可能有后来的封建主义社会和资本主义社会。

在中国，三千多年前的商朝就是这样的奴隶社会。商朝存在了六百来年，大约是从公元前十六世纪到公元前十一世纪。

一、"一妻一夫"与最初的贞操

前面我们说了，在原始社会末期，已经出现了最初的一夫一妻的婚姻制度，到了奴隶社会，这种制度，就发展成为更完整的形式。一夫一妻制，就是以一男一女结合为基础的家庭制度，它和我们前面讲过的"对偶婚"不同，是比较固定的，男女双方都不能随便调换老公或者老婆。但是，一夫一妻制却并不是男女双方平等的结合，比较完全的一夫一妻制一开始就是和家长制度同时存在，女人在家庭里面没有任何权力，做"父"的那个男人是一家之长，老婆儿女完全在他的支配之下。这一点，我们也在前面讲过了的。

其实，"一夫一妻"这句话，在阶级社会

里说来,是不通的;在阶级社会里真正实行的是"一夫多妻",就是说一个丈夫可以有许多老婆。咱们中国从奴隶社会的商朝以来,旧社会的情形就是这样。甲骨文上有"多妻女"的话。商朝共有三十一个王,留下来的记载,大体上每个王有一个正式老婆,但叫祖乙、祖丁、武丁的三个王,就都各有两三个正式老婆。中国最初的封建国家——周的建立人武王的父亲文王,《诗经·大雅·文王之什》上说他"则百斯男",即有一百个儿子;至今在中国老百姓口里还流传着"文王百子"的故事。一个男子有一百个儿子,如果他只有一个老婆,怎么也不可能生出这么多来。"文王百子"的事,正是告诉我们文王有许多老婆。商朝的王,就是大的奴隶主;文王这个人是商朝末年周族的一位首领,也是一个奴隶主。在奴隶社会里,除了奴隶主阶级之外,还有靠自己劳动生活的农民、小商人、手工业者等的平民阶级,以及连身体都属于奴隶主所有的奴隶阶级。"一夫多妻"主要是奴隶主阶级的事,因为他们才养得起那样多的老婆。平民阶级中间比较富裕的可以有妻一个以上,一般较穷苦的,便只能是一夫一妻了。至于奴隶们,奴隶主为了繁殖小奴隶的需要，允许他们有一个老婆，这样，他们已经满意得很，当然不会有许多个的。但是照社会的习惯，却并不禁止任何人一夫多妻，只要能够养活得起，谁都可以多讨几个老婆。而且照社会的习惯，对于只能讨一个老婆的人，还瞧他不起，中国封建社会里有一句话，"大丈夫三妻四妾"，那些一夫只有一妻的人，就算不得"大丈夫"，是社会地位低下，被看作没有出息的人，在中国旧书上叫他们作"匹夫匹妇"。

这种"多妻"的妻，是哪里来的呢？来源有两个。

一个是女奴隶，这是主要的来源。战争中被抓到的俘虏，是被用作奴隶。"俘"字甲骨文里本来刻作♀（子），是画一个人举起两手，表示不抵抗了，子字加人旁成"仔"，在"仔"字上画一只手表示抓住他不让跑了，便成"俘"，"仔"和"俘"都是男俘虏；子字加女旁成"好"，或者把"子"的中间一竖省去，把下面的一笔和上面连起来，刻成"妃"，"好"和"妃"都是女俘虏。这些男女俘虏，被奴隶主强迫担任各种劳动，女俘虏除从事奴隶劳动之外，有些也被她们的主人用来做小老婆，甲骨文上有这样的话，贞，弗作王妻……从蜀古王事。即是说不要把那些女俘虏用作王的妻子，由蜀那个人领导着给王干别的事。"弗作王妻"的反面，正是告诉我们有的女奴隶是被"作王妻"了。奴隶的来源，除了战争之外，还有债务，有些穷了的平民，欠上债账，无法生活，便把他的子女和自身出卖为奴隶。奴隶主买奴隶来做各种生产劳动，也买女奴隶来做老婆。《礼记》上说，买妾不知其姓则卜之。就是说要买个老婆，又不清楚她的情形，就去卜卦问吉凶，如果是吉，就买下她。

"多妻"的另一个来源是媵嫁制度，或称嬣嫁制度。这是中国奴隶主贵族中盛行的一种特别的婚姻制度，女子出嫁要由娣（新娘的妹妹）、侄（新娘哥哥的女儿）随她嫁过去，做新郎的那个奴隶主名义上讨了一个正式老婆，实际上是讨进好几个来。《易经》上有"归妹以须，反归以娣"和"帝乙归妹，其君①之袂，不如其娣之袂良"的话，就是说的这个事实。商代人把少女叫"妹"，称嫁女为"归妹"。第一句话大约是说把叫须的女儿嫁出去，她的陪嫁妹妹又偷偷地跑了回来；第二句话大约是说帝乙嫁女，做新娘的女子没有陪嫁的妹妹穿得漂亮。这两句话虽然我们现在还不能真正读懂它的意思,但的确讲的是媵嫁的事。这种奇特的制度,在后来的周朝还大大地盛行了一个时期,这话,留到后面去说。

奴隶主们经过这两种形式,便有了许多正式和非正式的老婆。这些老婆,成为满足她们丈夫的欲望以及生育男系的财产继承人的工具。这些女人,在家庭里毫无权力。"妻"这个字的古写是画一个女人跪着的样子,就是表示她们是没有地位的人。正式的老婆和随着她嫁来的娣侄是这样,本来是奴隶的小老婆就更不用说了。我们在上面举过"多妻女"的话,这"女"字古音读"帑",《诗经》上说"乐尔妻帑"(即"使你老婆高兴"的意思),帑是财帛,商周人把妻子叫"妻帑",和财帛连在一起,就是把她们看作是自己的一种私有财产。

老婆既然是一种私有财产,主要是从战争中抢来的,或者用钱买来的,男人便把她看得和别的工具一样,自己有所有权,也有使用权,绝不许旁人动用。一切女人对她的丈夫不论爱与不爱,都要绝对地为丈夫保守贞操。《易经》上说"夫征不复,妇孕不育",就是说老公不在家的时候,老婆偷偷摸摸地和别人发生了性的关系,肚子大起来，这个乱子可闹得不小，她的小孩绝不能得到丈夫和社会的承认，于是只好用人工的办法小产下来。在奴隶社会里，丈夫如果发现妻子有了所谓不贞的事，可以随便把她杀掉，法律并不禁止。这就是最早的贞操，已经算是讲究得很严格了。不过这和后来封建社会里的贞操观念比较起来，还是差很多，奴隶社会里的贞操，一般说来还只限于结婚以后夫妇同居的时期，女子在出嫁之前是无所谓贞操的。丈夫死了以后小老婆们便和别的财产一样，由丈夫的儿子承继下来，又做儿子的小老婆，也没有什么贞操问题。封建社会就不同了，女人在出嫁以前就要为自己假设的那个丈夫保守贞操；夫死之后，还要当寡妇，为丈夫的鬼魂守着贞操，叫作守节。

这些就是奴隶社会里一夫一妻制的真实情形。男人不仅可以独占好多个老婆，还可以像我们下面要讲的嫖娼宿妓，把娼妓作为临时的没有名义的野老婆，所以我们说这种一夫一妻制，对于男人实际是一夫多妻。但是对于女人来说，一夫一妻制倒是严格的，虽然在这种婚姻之下必不可免地要发生女人和别的男子偷偷地发生关系的事，可是那却正是被公认为破坏这种神圣制度的一件大罪。所以阶级社会里的"一夫一妻"这句话，说得恰当些，应当把它颠倒过来，叫它"一妻一夫"，即是说一个妻子只能有一个丈夫。

二、女巫——最早的娼妓

商朝的巫教非常流行。那时候人们的科学知识很差，对于许多自然现象都不能解释，搞不清楚的就去问"天"，无论是出门、上地，都要算个卦，请"天老爷"说这事能不能干。奴隶主自称是"天"叫他来统治奴隶的，也常常要请"天"说话。但是谁能知道"天"的意思呢，巫神说他就能够。巫字的古写是![巫]，上面画的神帐，下面是两手捧个神牌，意思说巫就是神的代表。人们遇事要问巫神，奴隶主要经常请教巫神，巫神成为说话最有权威的人。大巫神就是国家的大官吏。所有的巫神都是那时候的"文化人"，他们是"学者""医生""哲学家"，在人们眼睛里，他们被看成"圣人"。

女人也有当巫神的，就是女巫。古代的巫神虽然曾经对于文化的发展有过贡献，但他们的主要本领是吹牛骗人，女巫也是这样。《易经》上有"兑为口舌，复为巫，为少女"的话，把"口舌""巫""少女"连在一起，大概就是讲的女巫很会说话。巫神都是由奴隶主们供养着的，有的本身就是奴隶主，他们从来不劳动，在日常生活里，常常是吹牛之外便是吃喝玩乐。女巫既然是"天"的代表，就不好正式嫁人，因为她已经是天神的代表了，如果有丈夫，那个丈夫又算什么呢？女巫们每天吹牛完了，闲着没事，便不免和别的男人偷偷摸摸，除了和男巫神胡搞之外，也和奴隶主们发生性关系。女巫既会说话，又不劳动，有时间来打扮自己，搞得漂亮，奴隶主们就都愿意送她们东西，和她们"相好"，成为一种"嫖"的关系。女巫们看见这事有钱可赚，就买一些女奴隶和破产平民的妻女来，名义做巫，实际当娼，神的庙宇便成为公开的妓院。

这种巫娼，在商朝曾经成为普遍的职业，商朝留下来的关于巫娼的记载不多。商亡以后，商的文化在南方的楚国还保存了不少。战国时候楚国有个诗人叫屈原的，在他的《九歌》里有许多写这种巫娼的诗[②]，描写她们歌唱得如何好听，舞跳得如何好看，样子如何好玩；刚洗澡出来，穿着华丽的衣服，像花一样的鲜艳；进门出门都不作声,魅人地飘来飘去。男人们完全被迷住了,感到最痛苦的是离开她们,最快乐的是和她们新"相好"的时候("悲莫悲兮生别离,乐莫乐兮新相知")。娼妓本来是阶级社会的产物,中国奴隶社会中巫娼的存在,又使得剥削阶级的奴隶主们更加腐化,这事情曾经影响了商朝的社会秩序,现在我们还可以从《尚书》上看到责骂这种事情的话,说,恒舞于宫,酣歌于室,时谓巫风……殉于货色,恒于游畋,时谓淫风……大意是说:成天在房子里和巫娼唱歌跳舞,这是"巫风";成天和巫娼游玩打猎,简直要死在女人的身边了,这是"淫风",都是很坏的风气。战国人写的《墨子》上面,还记载着商朝法律禁止这种"巫风"的事,闹得太不像话了的,是"君子"(即奴隶主)罚他出丝;是"小人"(大约是指平民)罚他出帛。

巫娼是中国最初的娼妓。剥削阶级的奴隶主,出钱嫖妓,娼妓就是他们的临时老婆,成为一夫多妻的一种补充形式。出卖肉体的女人主要是被剥削的奴隶和破产平民的妇女,为了吃饭活命,被迫把卖淫作为职业。这就是奴隶社会的娼妓制度;这和后来的阶级社会里的娼妓,形式上虽然完全不同，本质上却是一模一样的。

三、妾

最后，我再补说一下女奴隶的生活。

《尚书》上说："役人贱者，男曰臣，女曰妾。"意思是：从事劳动的那些下等人，男的叫臣，女的叫妾。这臣和妾都是奴隶的名称，臣字古写作㊣，画着眼睛突出在眼眶外面的样子，表示刺瞎男奴隶的一只眼睛，以做记号；妾是女字上面一个辛字，辛是额上刻字的意思，就是在女奴隶的额头刻上记号，防她逃跑。

在原始社会末期和奴隶社会初期，对奴隶的使用主要还是在家里劳动，那时候各个家族的生产，主要还是为着自己家族的消费，家长和奴隶们共同劳动，所以那种剥削还是比较轻的。到了后来，铜和青铜的金属工具普遍地使用起来，农业与手工业大为发展，分工与交换也更加扩大了，这样，出现了大规模的农场与手工作坊，奴隶便由家庭的劳动助手变成了社会上主要的生产劳动者。在这个时候，对于奴隶的剥削，就特别残酷。《尚书》上有臣妾马牛的话，就是奴隶主把奴隶看成和牲畜一样，拿鞭子打，用链子锁起来，强迫他们去担任耕田、做工、运输、牧畜等劳动。

女奴隶除了要做奴隶主发泄性欲的工具，在劳动上，她们也和男奴隶一样受着残酷的剥削。甲骨文上的"奴"字，是画一个女人手持农具的样子，就是指用女奴隶从事农业劳动。甲骨文上的"學"和"教"，两字顶上的爻（文），都是陶器上的花纹，"學"字上面是两手做花纹，下面画一间屋，里面一个人（⛎），表示把奴隶囚在房里学习制作陶器；"教"字是画的手拿鞭子强迫奴隶学画花纹。这些都是指用奴隶从事手工业劳动，这种劳动也有许多女奴隶参加。奴隶主家庭的杂役劳动，主要是妇女担任的，"妾"就是干家里工作的年轻女奴隶。此外，奴隶还被用来唱歌跳舞，供奴隶主们观赏玩乐，甲骨文上的"嫴"（音树）字，就是画一个女人打鼓的样子。

奴隶们不仅辛苦劳动的成果完全归奴隶主所有，而且奴隶主还可以把他们随意卖掉，甚至随便弄死。商朝的奴隶主贵族常常杀掉奴隶来祭祖先鬼神，叫作"牲"，甲骨文里有许多关于"牲人"的记载，这些被杀的奴隶中间也有女奴隶。

逢到了旱灾，奴隶主们就用烧死奴隶来向天求雨。甲骨文里有许多画的火烧奴隶的字，其中也有画着烧女人的。奴隶主死了还拿奴隶殉葬，叫作"窆"（音掩），刻作🅰️，是画的一个墓门下面两只手正在堵口。甲骨文上有许多"窆奴"的记载；有一个"窆"字，旁边画一个女人，就是表示把女奴隶活活埋掉。

奴隶的生活是这个情形，辛苦劳动，自己却什么也得不到，所以他们对于生产毫无兴趣，常常故意弄坏工具来发泄心里的不痛快。奴隶主为了防止破坏，给奴隶用的都是顶粗顶笨的东西，这样生产工具再也不能改善。奴隶们白白劳动了，却连性命也没有保障，所以一有机会，他们就偷偷跑掉，《易经》上有"三人行，则损一人"（损，丢掉）的话，《尚书》上有"臣妾逋逃"（逋，也是逃的意思）的话，都是说的这个事实。到了商朝末年，还发展成为奴隶暴动，《尚书》上说："小民③方兴，相为敌仇。"就是说奴隶正在四处捣乱，把奴隶主贵族都看成仇敌。奴隶们用这些斗争来反抗奴隶主的剥削。奴隶的斗争使商朝国家削弱，后来西方的周族来进攻了，它抵抗不住，奴隶社会就此灭亡。

注释：

①周朝的时候，小老婆称自己丈夫的大老婆叫"女君"，商代是否有了这种称法，还弄不清，这里姑且把"君"解释为出嫁的那个正式老婆。

②我们引录几首原诗来，让大家看看：

"疏缓节兮安歌，陈竽瑟兮浩倡。灵偃蹇兮姣服，芳菲菲兮满堂。"（《九歌·东皇太一》）

"浴兰汤兮沐芳，华采衣兮若英。灵连蜷兮既留，烂昭昭兮未央。"（《九歌·云中君》）

"入不言兮出不辞，乘回风兮载云旗。悲莫悲兮生别离，乐莫乐兮新相知。"（《九歌·少司命》）

③"民"字在《甲骨文合集》13629号里没有，最初出现这个字是在周的钟鼎上面，刻作民，也和"臣"字一样，画的眼珠被刺突出的样子，不过比"臣"突出得更厉害。大概"臣"是较顺从的俘虏，所以刺得轻，"民"是较顽强的俘虏，所以刺得重。因此我们把"小民"也看作是奴隶。

第三章 中国早期封建社会中的妇女生活

封建社会是奴隶社会灭亡之后,出现在人类历史上的第二个阶级社会。那时候,铁器在农业生产中已经普遍使用,手工业也有相当的发展。在封建制度下面,封建主把土地垄断在自己手里,又把土地分成许多小块分配给劳动者耕种,强迫剥削他们来养活自己。这些劳动者叫作农奴。封建主对于农奴,已经不能像奴隶主对待奴隶那样可以随便弄死,但仍然可以把他们和土地一起转给旁人。农奴有自己的家,拿着自己的锄头镰刀,除了在封建主的地里劳动之外,也在自己分到的土地上耕作。因为农奴劳动生产出来的东西有一部分可以归给自己,所以他们不像奴隶那样对于生产感到毫无兴趣。这一点,就是封建制度比较奴隶制度进步的地方。在那个时候,还有一些农民和手工业者,靠着自己的劳动吃饭,他们有自己的家庭经济,有自己的工具,甚至有一点点属于自己的土地,但是他们要租种封建主的土地,要给封建主纳粮上税,仍然受着封建主的剥削。

在中国,三千年前,周族灭亡了商朝之后,就建立了这样的封建制度。周朝的王把商代贵族的土地变成自己的土地,把商代的奴隶和平民变成农奴,又把土地、农奴分封给自己的兄弟、亲戚、子侄和有功的人,这些人就成为了封建主。周朝存在了约八百年,从公元前十一世纪到公元前三世纪。

一、宗法制度

封建制度是以自然经济为主的分散经营的农业生产,以地主对于农民的剥削为基础。封建剥削的方法是把农民束缚在土地上面,用政治、法律、道德、宗教等经济以外的力量,强制剥削他们。封建的家庭关系,也就是适应着这种剥削关系和这种统治秩序的。

我们在第一章里已经讲了,随着农业的出现产生了家族,男人们由于在经济生活中占了重要的地位，便产生了家长制度。到了封建社会，这种以家庭为单位的分散的小农经济大大发展，家长制度也就发展成为更严格的制度。在封建的家庭，一切财产的支配权和家务的管理权，都统一掌握在男性家长的手里，叫作"家事统于尊"。做儿子、女儿、媳妇的都不过是财产管理的助手和家里的劳动者。《礼记》上说："子妇无私货，无私蓄，无私器，不敢私假，不敢私与。"意思就是：家里的什么东西都不属于做儿女的，他们不能私有钱财、用具，不能私自把家里的东西借给外人和送给外人。在家待客，出门做客，祭祖先，坐酒席，都要以家长为主，受家长的支配。甚至连起、坐、走路，都得按一定的规矩，《曲礼》说："为人子者，居不主奥，坐不中席，行不中道，立不中门。"就是说，做儿女的不能住中间的堂屋，不能坐中间的席位，走路不能走当中，站立不能在中门，那些地方都要让给家长去住、坐、走、站，不然便是损害了家长的尊严，就叫失礼。

在这种严格的家长制度下面，"家长"不仅是一种身份，实际上就是一家的代表，就是家庭财产的所有人。封建社会和奴隶社会一样都是实行的一夫多妻制,一个男人可以讨好多老婆。所有的老婆都可能生儿子,而且都可能不止生一个,在儿子里面就有大老婆所生和小老婆所生的分别,还有同一个老婆生的大儿子和小儿子的分别。于是乎就发生一个问题:如果老家长死了,由哪一个儿子来承继他的家长地位呢?这是一个了不得的问题,假如没有一定的办法,就会闹出许多乱子来,甚至就会使社会组织发生动摇。

商朝时候因为家长制度不如后来的严格,就马虎一些,不分哪个老婆生的儿子,都可以按年龄依次继续当家长,叫作"兄终弟及"。周朝就不行了,必须要闹得清清楚楚,于是兴出一种办法,规定大老婆的儿子可以继承家长地位,只有大老婆不生儿子时,才轮到小老婆的儿子;如果大老婆有儿子,不论这个儿子年纪大小、聪明愚蠢都归他来继承;如果大老婆有许多儿子,就由其中大的一个继承;如果大老婆没有而几个小老婆都有儿子,也是由一个年纪大的继承。继承当家长的儿子叫作宗子,与宗子同母的兄弟叫适子,与宗子不同母的弟兄都叫庶子。这种制度成立起来,就产生了承继家长地位的儿子和不承继家长地位的儿子之间的许多区别。

儿子大了要分家，宗子除了占有家庭财产的主要部分，还承继老家长的职业，如果是贵族的家庭，还要承继老家长的爵位；别的儿子就只能分到一部分财产，在贵族的家庭中，也只能被封给一定的土地、农奴和较小的爵位，比如天子的适子、庶子封诸侯，诸侯的封大夫，大夫的封士，士的适子、庶子就没有爵位了，只能当普通老百姓，叫作庶民。分家出去的无论祭祖先、办丧事、宴宾客，都要以宗子为主，在这些讲礼的场合，大家从穿的衣服到吃菜的碗数，都不相同。适子、庶子对于宗子，还有许多义务，逢年节祭祀时要送礼物，还要去拜宗子的家庭，如果分家出去的儿子搞得好，发了财，不能到宗子的门上去显阔气，车马不能近宗子的门，要把好的用具、衣服献给宗子，叫作"不敢以贵富加于父兄宗族"（《礼记·内则》）。宗子对于别的儿子有管教的权力，在一个家庭，大家要听他的话；分家出去了，他是长房或者族长，也和家长似的，别的家庭也要听他的话。这个权力，老百姓里有一句通俗的说法，叫"长兄当父"。

这种严格的家长制度、家长地位的继承方法，以及随着这些产生的各种宗族关系，就叫作宗法制度。

在宗法制度下面,根本没有女子的地位。封建家庭里,家长管制一切,大权在家长手里,做家长的只能是男人。女子没有财产承继权,封建的家庭是男性系统。在宗族里面,女子出嫁,就等于永远开除,和自己的宗族脱离了关系,《礼记》上说:"嫁女之家,三夜不息烛,思相离也。"大意是:嫁女的家庭,三天晚上都点着蜡烛,让女儿和家里的人多看几眼,因为大家要永远分别了。在讲究礼节的场合,女人和家庭中最小的辈分一样,坐立都不能在重要的地方。死了人穿孝衣,死的凡是母亲关系的亲戚,不准穿重丧服。女人不能进家祠。甚至女孩子一生下地来,就是下贱的东西,《诗经》上说:"乃生男子,载寝之床,载衣之裳,载弄之璋。……乃生女子,载寝之地,载衣之裼(音替),载弄之瓦。"意思就是:生了男孩子,让他睡在床上,穿上好衣裳,拿玉石给他玩;生了女孩子,就放在地下,用布包起来,拿纺锤给她玩。睡在地上,表示这是下贱的人,让她玩纺锤,表示要她劳动一辈子。总之,在宗法制度下的妇女是下贱的、没有人格的,是家庭中的奴隶,是男子的附属品。

宗法制度是从周朝产生的,在中国已经实行了好几千年。这个制度开始是在贵族中实行得比较严格,因为他们不仅财产土地多,而且有爵位,如果天子诸侯的家庭里关系弄不好,儿子们都抢着当天子诸侯,就不仅会闹成一团糟,简直要搞得天下大乱。但是由于前面说的,建筑在小农经济上的家庭关系一定是家长统治,所以这种制度在农民里面也普遍地实行起来。宗法制度是维护封建秩序的一个重要制度,它和封建的等级制度①,以及地主老爷们宣传的世上一切皆由"天"定,人要听鬼神菩萨的话等一套宗教迷信,都是地主阶级利用来统治农民的工具。毛主席在一九二七年写的《湖南农民运动考察报告》里,说过这个问题,他说:

"中国的男子,普通要受三种有系统的权力的支配,即:(一)由一国、一省、一县以至一乡的国家系统(政权);(二)由宗祠、支祠以至家长的家族系统(族权);(三)由阎罗天子、城隍庙王以至土地菩萨的阴间系统以及由玉皇上帝以至各种神怪的神仙系统——总称之为鬼神系统(神权)。至于女子,除受上述三种权力的支配以外，还受男子的支配（夫权）。这四种权力——政权、族权、神权、夫权，代表了全部封建宗法的思想和制度，是束缚中国人民特别是农民的四条极大的绳索。"

封建宗法的思想制度，是建立在封建的土地关系上面的，只有实行了彻底的土地改革，才能把这个制度连根拔去。

关于"夫权"的问题，我们在后面去详细说它。

二、古代的结婚与离婚

周朝的时候，大约男人从二十岁到三十岁，女人从十五岁到二十岁，是订婚和结婚的年龄。那时候的人们，是由别人替他拣定了丈夫或者妻子，自己不能做主；一般的情况，是直到结婚那天，还不认得对方的样子。做主拣定的人是父母和媒人，叫作"父母之命，媒妁之言"。"父母之命"，就是父亲母亲可以叫儿子女儿和谁结婚，做儿女的必须遵命。但是实际上，在男性的家长制度之下，这个做主的权力只有父亲有。按礼节规定："妇人无外事"，选定未来的媳妇、

战国时期的宴乐攻战纹铜壶采桑图案

女婿是家外的事，她管不到，最多只能参与一点意见罢了。要是父亲死了，长兄和伯伯、叔叔也可以做主。"媒妁"在那时候，看来和"父母之命"同样重要，媒是谋的意思，妁是斟酌的意思，就是斟酌男女两方的情形，给人出主意。《曲礼》上说，男女非有行媒，不相知名。沟通两家的意见叫"行媒"，没有媒人在双方跑来跑去，两方连姓名都不会知道，当然就更谈不上结合了。据《周礼》记载，那时候国家设有一种官吏，专门给人作合，所谓"媒氏掌万民之判……令男三十而娶，女二十而嫁"，判，半的意思，旁边画两道，是把两个一半合起来。但是这话恐怕很不可靠，国家哪能管这些闲事，《周礼》上的这段记载，大约是后来的人把自己的想法加写上去的。

那时候，结婚的规矩非常麻烦。一对男女要结成夫妇必须经过好多烦琐的手续，第一个手续叫"纳彩"，男家托媒人送礼物到女家去，表示想要提议婚事，如果女家不收礼物，这事就办不成。第二个手续叫"问吉"，媒人拿着男家写的红帖，把那个女孩子的生庚年月开回来。第三个手续叫"纳吉"，男家接到那个帖子，就到自己的家祠里敬神卜卦，问祖先菩萨这门亲事对不对，如果卦上说是"不吉"，这事就办不成。第四个手续叫"纳征"，卦问得好，男家又请媒人给女家送去礼物，到这时候才算是正式订婚。男家准备结婚了，就写上日期，和礼物一道送到女家去，这是第五个手续，叫作"请期"。女家收了，就算答应，如果不收，还要改期。最后一个手续叫"亲迎"，结婚那天，新郎到女家去，拜了新娘的父母和祖先菩萨，接上新娘，驾着马车，绕女家房子转三圈，然后回去。新娘到了男家，新郎又等在门外给她作个揖，把她请进屋里。这六道手续，总的称为"六礼"。古时候举行婚礼都在黑夜，新娘进门之后，和新郎合着喝一杯酒，叫作"合卺（音锦）"。第二天早晨，新娘要早早起来，洗澡换衣，给公公婆婆磕头，捧着枣子栗子请他们吃，表示孝敬。到这里婚礼才算完成。

要是公公婆婆早已死了，新娘要在结婚的三个月后，到祠堂里去拜他们的神牌。如果女人出嫁后三个月内死了，还没有拜过祠堂，她就还不算是这个丈夫的妻子，她的尸首还要送回娘家去葬。夫妇关系的成立，要由对公公婆婆的态度来决定。这一点，也正是在家长制度下面，做儿子媳妇的没有独立人格的一个表现。因为建筑在小农经济上的家长制度，至今还在中国存在，所以这种麻烦而又无聊的结婚仪式，也一直流传了三千年。

上面我们说的，是封建社会里人们结婚的一般情形。在封建社会里，各个阶级的物质生活条件是不同的，所以婚姻关系在统治阶级和被统治阶级内，还有许多特别的问题。古代中国把地主称为"君子"，农民被叫作"小人"，君子小人之间的界限宽得很，通婚的事根本不允许。阶级的区别是能否结成婚姻关系的主事标准，用老百姓的一句通俗话说，叫作"门当户对"。

地主贵族们结婚的主要目的，是生育承继财产、爵位的儿子。地主贵族都是不劳动的人，衣来伸手，饭来张口，吃饱了就是玩，结婚对于他们又是为着满足性欲的快乐，女人被他们当作玩弄的工具。地主贵族都是讨好多老婆。《礼记》上说，天子后立六宫，三夫人，九嫔，二十七世妇，八十一御妻。一个天子共有老婆一百二十一个。不过这话我们怀疑它是否可靠，古时候的生产力低，恐怕不可能有那样大的排场。汉唐以来,"后宫佳丽三千人"的情况,周朝是不会有的。《公羊传》上说,诸侯一娶九女,天子一娶十二女。这个情况大约是实在的。春秋时代媵嫁制度非常盛行,一国或一姓的女子出嫁,有好几个同姓的女子随她嫁过去。那时候的地主贵族,从没有只讨一个老婆的,《曲礼》疏说,士有一妻二妾。士是贵族阶级中最下的一等,他也有三个老婆,士以上的大夫、诸侯那就更多了。这些还是正式的老婆,地主贵族们玩得腻了,还发生一些偷偷摸摸的两性关系。礼法在地主贵族们口里是讲究得最严格的了,可是他们家族里的实际情形,却又是一塌糊涂。周朝时候,地主贵族们的结婚,除了上面讲的以外,还有一个为了政治目的的通婚关系,这个统治者与另一个统治者在婚姻上互相结合,以增强大家的力量。贵族们为了缔结政治上的同盟,就把女儿嫁给对自己有利的另一个贵族,比如晋文公不得势的时候,在各国流浪,几个国家的国君,为了能拉上晋国的关系,都把女儿嫁给他,他在外国跑一趟,就娶了九个老婆。在这里,这些女人就成了别人在政治赌博中间的一笔本钱。

农民的结婚是另一种情形。农民讨老婆的

直接目的，倒不是生产有合法继承权的儿子，而是为着得到一个劳动中的帮手。生了子女，也是为了增加家庭的劳动力。当然"传宗接代"在农民看来还是很重要的。古时候说，礼不下庶人。宗法制度下的礼法，在农民里面就淡薄一些，特别是在封建社会初期。农民的女子不像地主家的太太小姐，能成天坐在家里，跟封闭在罐头里一样，很少和男人接触，闹点什么事都是在家庭里面。农民的女儿常常在地里劳动，所谓"抛头露面"，男女隔离得并不怎样厉害，发生两性间正当感情的可能也就比较多，所以在农民中的婚姻关系，除了"父母之命，媒妁之言"，有的倒也能掺杂一点当事人的意志，有一些自由恋爱的成分。现在我们看得到的《诗经》是一本西周初年至战国初年的诗歌集子，中间收了许多当时的民歌，这些民歌里又有许多是描写爱情的，很能反映当时人们的真实生活。古代的民歌，现在看来已经古奥得很，这里我们用现代的白话译一首出来，可是不一定译得恰当：

　　一个娴静的姑娘，
　　美丽而又端庄，

约定等我在城角旁。
为甚老是望不见?
害得我搔着头皮在路上彷徨。
一个娴静的姑娘,
妩媚而又和婉,
她送我这支红管。
红管红得亮堂堂,
"我爱你,爱你——
代表着咱们爱情的美满。"
你是她从牧场上
采回来的柔荑,
实在美丽而又稀奇!
不是你本来就好看,
可爱的是——
那个漂亮的姑娘送我的。
(静女其姝,俟我于城隅;
爱而不见,搔首踟蹰。
静女其娈,贻我彤管[②];
彤管有炜,说怿女美。
自牧归荑,洵美且异;
匪女之为美,美人之贻。
——《邶风·静女》)

这是用一个男子的口吻写的,非常天真,也非常有感情。在那时的农民青年中间,这种恋爱故事很多,有的也由恋爱而结了婚。《诗经》里有一首《野有蔓草》,就是写的两个人在路上碰到,发生了感情,最后结成夫妇。但是,正如我们已经几次说过了的,小农经济的家庭组织是家长制度,在家长的统治下面,子女们即使有点自由,这个"自由"的范围也小得很。《诗经》上写的都是两个青年背着旁人的恋爱,其中有一些就是因为父母的关系和没有媒人,使得两个人的爱情不得不终止。有一首《将仲子》中说:"岂敢爱之?畏我父母。"这是一个女孩子的话,意思是:"我怎么敢爱你呢?我害怕我的父母。"又有一首《氓》里说:"匪我愆期,子无良媒。"也是一个女孩子的话,"愆期"就是失信,意思说:"不是我对你失信,因为你没有好的媒人。"随着封建社会的发展,这种封建礼法的思想也慢慢地在农民阶级中间扩大深入,到东周以后,《诗经》上那样朴素真挚的爱情诗歌,我们就很少看到了。

三、古代的结婚与离婚（续）

我们在前面曾经说过，封建社会中"女子出嫁，就等于永远开除，和自己的家族脱离了关系"，这个意思就是老百姓中常讲的一句话："嫁出去的女，泼出去的水。"泼出去的水再收不回来，封建社会里出嫁了的妇女便跟着丈夫姓，拿丈夫的家作自己的家。汉朝人班固写的《白虎通》上说：嫁者，家也；妇人外成，以出适人为家。就是说，女孩子总是别家的人，嫁出去才算有了家。《穀梁传》说，妇人既嫁不逾竟。竟是疆界的意思，嫁了的女子不能随便离开本乡本里。只有"归宁"和"大故"才回娘家，回家问候父母的安宁叫"归宁"，这种事一年只有两三次。"大故"是给父母办丧事。父母死了之后，就只派人去问问哥哥、弟弟们好，更不能随便回去。

在丈夫的家里，女人的任务就是伺候人。除了伺候公公、婆婆以外，主要的，要伺候一辈子的就是丈夫。《尔雅》说，女子既嫁曰妇，妇之言服也,服事于夫也。对于丈夫的服从(服)、伺候(服事),是做妻子的责任。《仪礼·丧服》又说,夫者,妻之天也。丈夫就是妻子的"天"。如果对自己的丈夫服从得不如意,伺候得不周到,那就是得罪了天;如果因为这些不如意,弄得这位"天老爷"不高兴了,那就和天塌下来一样,是大得不可再大的事。

可是,那样由"父母之命,媒妁之言",把从不相识的两个男女硬拉到一块的结合,自然往往不会有好结果,十对这样的夫妇,常常是七八对都感情不和。夫妇间感情不和了,照我们现在来说,事情很好办,可以离婚。但在古时可不这样简单,丈夫既是妻子的"天",一个人无论跑到哪里,总在天底下,离不开的。女人嫁给跟自己合不来的丈夫,有气只能憋在肚子里忍着,怪自己倒霉。《诗经》上有好些描写这种情形的诗,其中有一首《中谷有蓷》[3]。这诗分成三章,每章前面用枯朽的植物来比喻受虐待的妻子,末尾都写那个妇女的心情,她叹气、呻吟、哭,可是除了埋怨"嫁个好人真不容易"之外,什么办法也没有。封建社会中的妇女真就是这样情形。那么,古时候就没有离婚的事情了吗?有的。不过只能男人离婚,不许女人离婚,离婚是男人特有的权力。

离婚在周朝叫作"绝婚"。因为出嫁了的女子是以丈夫的家作自己的家,所以对女人来说,离婚叫"出",就是说被赶出家庭了;对男人来说,离婚叫"弃",就是说丢弃不要了。离婚这个名词,最早见到的是在晋朝人写的书上,到唐朝就用得很普遍了。但在老百姓里,"绝婚""离婚"这两个名词都不见用,宋朝以前,老百姓把离婚叫作"出妻",宋朝以后叫作"休妻"。封建社会里,男人要离婚是一件非常自由也非常随便的事,拿周朝来说,简直什么事情都可以作为男子离婚的理由。《仪礼》上有个"姆"字,汉朝人郑玄解释说,妇人五十无子,出而不复嫁,能以妇道教人者。意思是五十岁不生儿子的妇女,被离了不再嫁人,她能教给别的女人怎样做妻子的道理。女人不生儿子,可能是她生理上有毛病,也可能是男人生理上的毛病,总之不会是她愿意的,没有儿子就要被抛弃,人已经到了五十,离婚之后,无依无靠,当然惨得很。这是因为不生儿子而离婚。可是生了儿子也可能成为离婚的原因,有一本叫《孔丛子》的书，是汉以后的人把过去的一些零散文章编辑成的，上面记载一个战国时人尹文子的故事。尹文子的老婆生了个儿子，他左看右看总觉得面貌不像他，大发脾气，用棍子痛打儿子一顿，跑去向他的朋友子思说："这不是我的儿子。我老婆一定靠不住，我准备不要这个女人了。"觉得儿子不像自己，就是男人离婚的理由。但这还不算稀奇，还有更岂有此理的哩！汉朝人韩婴著的《韩诗外传》上说，孟子有一天由外面回家，走进房里，碰见老婆一个人蹲在地上，孟子出去告诉母亲说："这女人太没礼貌，让她走吧！"站坐的样子不顺眼，也可以成为离婚的理由。唐朝诗人白居易有两句诗说："人生莫作妇人身，百年苦乐由他人。"封建社会里的妇女，一辈子的幸福痛苦就是这样，都完全听着人家摆布。

　　古时候的结婚，像我们上面说的，手续非常麻烦，可是离婚的手续又简单得很。照《礼杂记》上的记载，贵族家庭里发生了离婚的事，由男家派一个使臣到女家去，向女方的家长说："我们主人不会处理家事，不能和您的小姐长远一起侍奉祖庙，他派我来转达给您老爷。"女家的主人说："不，不，这是我从前没有把女儿教好。现在我一定从命。"使臣把那个女人出嫁时的嫁妆退给女家,这事便算完了。普通老百姓的离婚,是由男家请一个人到女家去,告诉女方的家长说:"某先生说是他不好,实在不能和令爱一锅吃饭,他请我来给您先生谈谈。"女家的主人说:"都是小女不对,由我负责,就照他的意见办。"客人出来,主人作揖打拱把他送到门外④。这种离婚规矩,既不争吵,也不打官司,双方都"心平气和"得很,从前人们说这是古人忠厚,"绝婚不出恶言"。意思是拉倒了大家也不讲坏话,其实离婚的手续这样简单,正是妇女的婚姻没有法律保障的一个表现。

周朝时候,男人离婚是那样容易,只要自己不高兴了,随便什么借口都是离婚的理由。那时候并没有人规定出一个离婚的条件来,总之不论大事小事,男人说离便离就是了。到了后来的汉朝,就把这种男人离婚的特权归纳成"七出"之条,作为法律上的根据。这个"七出"的问题,我们留到后面去讲。因为男人离婚那样随便,所以那时候的女人从出嫁那天起直到躺进棺材,都是提心吊胆地活着,时时都有被"出"的危险。战国时人作的《韩非子》上说,卫国有一个人的女儿要出嫁了，他教育自己的女儿说："嫁过去后要随时积点钱财，做妻子的被男人不要了是常见的事，能够和自己的丈夫过一辈子的，那是很大的幸运。"可见当时男人丢掉妻子是普遍的事。不过从周朝直到宋朝，男人虽有离婚的特权，女人也可以再嫁。女人另嫁丈夫，在社会上并不认为是丢人的事。比如拿孔子的家里来说，这总算是很讲封建礼教的家庭了吧，孔子的儿子伯鱼死了，伯鱼的妻子就改嫁到了卫国。这是寡妇改嫁的情形；还有丈夫活着另嫁人的，《左传》上记载，鲁国有个叫声伯的，先把自己的妹妹嫁给施孝叔。晋国有个郤犨，一定要和他结亲戚，他又把妹妹要回来嫁给郤犨。过门之后，生过两个儿子。后来郤犨死了，晋国人把这个女人给施孝叔送回去。这是贵族里的事，记在历史书上的，大家并不认为奇怪。由于可以再嫁，被离婚了的妇女总算还有一条出路。到了后来的宋朝，那些道学夫子提倡贞节，说什么"女子从一而终"，一个女人无论什么情况只能嫁一次人，再嫁被看成可耻的事情。这种狗屁道理成了社会的风气，再嫁的妇女在人前简直抬不起头。这样一来，被离婚的女人，就完全没有出路了。

四、做媳妇的道理

现在,我们就要讲到封建社会里女子出嫁以后的生活情形了。

在封建家庭里,女人是没有地位的,她的命运就是顺从人。《礼记》上说:"妇人从人者也,幼从父兄,嫁从夫,夫死从子。"这叫"三从"。一个女人在出嫁之前,要顺从父亲、哥哥;嫁出去要顺从丈夫;丈夫死后,儿子长大成人,总算熬出头了,但还要顺从儿子。总之,从生下地来到装进棺材,要"从"一辈子。封建家庭里,妇女的具体职务是伺候人,《诗经》上说,女人"唯酒食是议",就是说刷碗烧饭伺候人是女人们的专门责任。农家的妇女不用说了,除了田地里的劳动之外,她要做家里活;就说地主家的媳妇吧,虽然可以呼奴使婢,但是对于自己的公公婆婆和丈夫,仍然要亲自伺候。这种顺从人、伺候人,说起来是简单的事,可是事实上却非常麻烦,这中间有很多讲究,叫作"妇道",就是做妇人的道理。

封建社会的妇女,在"幼从父兄"的时期,虽然也有许多束缚,但究竟在自己的父母身边,有人心疼，事情比较好办；到了老年，或者"夫死从子"的时候，自己做了长辈，虽然按照封建的礼法是"母，亲而不尊"（《礼记》），但她仍然吃不开，不能做一家之长，还是要受男人的支配。不过因为她已经有了媳妇，过去伺候人，现在轮到人来伺候她了，事情也好办。问题就在"嫁从夫"的时候。这时候，上有公婆下有丈夫，再加小姑小叔，事情就难办得很。所以中国古书上关于"妇道"的记载，大部分是讲这一段时间的，是做媳妇的道理。

女人对自己的公公婆婆称"媳"，对自己的丈夫称"妇"，"做媳妇的道理"，就是怎样对待公婆丈夫的道理。这种"道理"，在周朝已经开始盛行，到汉以后，更大为发展。这里来介绍一点周朝时候女人伺候公婆丈夫的情形。古书上关于这些事有许多记载，但是文字都长，不好引入正文，我们只把原文作为注释附在后面。就从早晨起床说起——

鸡刚叫，做儿子媳妇的就得赶紧起来，洗脸、梳头完了，穿好衣服，结好带子。在衣带的左右两边分挂着擦布、小刀、布囊、针线、丝棉、钻木和向太阳取火的用具、解绳结的东西、衣带、帽带、鞋带等,到公公婆婆的卧室里去。进到房里,就低声下气地问衣服穿得少不少;公婆身上感到不舒服,就恭恭敬敬地给他们搔痒;公婆要走动,就恭恭敬敬地在前后扶着。请公公婆婆洗脸,年小的捧着木盘,年长的倒水,洗完了,奉上手巾去。问公公婆婆有什么需要的,然后恭恭敬敬地把要的东西送上去,和颜悦色地使他们看着高兴。⑤

周时的人都是席地而坐,吃饭的时候,儿子媳妇要跪在旁边,给公公婆婆端饭送菜。⑥

在公公婆婆的房子里,有什么吩咐,要恭恭敬敬地应声和回答,走路要非常谨慎,出入都要作揖,在公婆身边不能打饱嗝,不能打喷嚏,不能咳嗽,不能伸懒腰,不能斜靠着,不能眯着眼看东西,不能吐痰、擤鼻涕。⑦公公婆婆没有叫走,不能随便回到自己房子里去。做媳妇的有了事情,无分大小,都要向公婆请示。⑧

平常在家里,做媳妇的要悄悄地住着,没有一点声音,不让人看见,既不登高,也不到低的地方去,不说别人坏话,不随便嬉笑,站着要端端正正,不能侧着耳朵听人说话,不能粗声粗气地答应人,不能斜眼瞟人,不能懒惰。⑨

这一类的讲究,还有很多。总之,一句话:麻烦得要死。

这是伺候公婆的情形。公公婆婆年纪都是比较大的,一般来说,都比媳妇死得早,对于一个女人,要伺候得最久的,还是丈夫。《尔雅》上说,女子既嫁曰妇,妇之言服也,服事于夫也。意思是:妻子的任务就是服侍丈夫。女人在嫁前是"从父",嫁后是"从夫",一样的顺从人,不过把父亲换成丈夫罢了,从顺从这一点来说,丈夫和父亲一样,《仪礼》上说:"父者子之天也,夫者妻之天也。"就是这个意思。所以做妻子的伺候丈夫要恭谨勤劳,和伺候父母、公婆完全一样。当然,两夫妇的关系,终究和对公婆的关系不同,要密切得多,所以妻子伺候丈夫除了上面讲的那些服侍公公婆婆的道理都完全适用之外,还有另外一些讲究。《仪礼》上把女人服侍丈夫的规矩总结成为五条,其中有三条说:夫妇之间,平日缅笄而相,则有君臣之严;沃盥馈食,则有父子之敬,唯寝席之交,而后有夫妇之情。"缅笄",修饰整齐的意思。第一句话是说平日对着丈夫要整齐严肃,就像臣子对着皇帝一样;"沃盥馈食",是伺候洗脸吃饭。这句话的意思是说：妻子要恭恭敬敬地伺候丈夫，就像儿子伺候父亲一样；第三句话说，只是同床睡觉这一点上才有夫妇的感情。夫妇的关系，就是君臣父子的关系，是非常不平等的。按《礼记·内则》上的规定：妻子的衣服不能搭在丈夫的衣架上，不能装在丈夫的衣箱里，不能和丈夫共用一个浴室。丈夫不在家，就要把枕头席子收藏起来。⑩这就简直连同床睡觉都是不平等的了。

"三从"和"妇道"，就是男权和夫权的具体表现。封建社会里的女子，出嫁了就跟着丈夫姓；女人没有单独的社会地位，一切都跟着丈夫，贵族里的女人也没有自己的爵位，只能随着丈夫的爵位⑪；遇到讲礼的场合，总是先男后女，哪怕男的是子辈、孙辈，也要男人先来了，然后才轮到女人。《礼仪》上讲了"三从"以后接着就说，妇人伏于人者也。"伏"是屈服，就是说女人是处在下贱的地位，是屈服在男人下面的。封建社会里地主和农民的家庭，情形当然不一样，上面我们说的，大都是地主家里的礼节，农民不会有那样多的闲工夫，来讲究那套麻烦的规矩，但夫权统治、男尊女卑这两点，在地主和农民里面，基本上又是相同的。

在那个时候,女人那样的受人歧视,麻烦的事情那样的多,所以做一个媳妇,真是很不容易。《礼记》上说,女孩子在家的时候,就要学着伺候父母,目的是训练她将来出嫁之后可以成为好的媳妇。《仪礼》上说,女子出嫁以前的三个月,还要特别请个人来教她,教她如何顺从,使她懂得做媳妇的道理。但是那样麻烦的事情,学是很难学会的,当媳妇的总是这也不是,那也不是,应付一切的唯一法宝,就是安心受气。汉朝人写的《淮南子》上有个故事:赵国一个女子要出嫁了。临走的时候,她的母亲向她说:"嫁过去,不要做得好了。"女儿说:"不做好,那就做坏吗?"母亲说:"好已经不行,何况坏呢?"好也不对,坏也不对,这就是封建家庭里,做媳妇的具体情形。

封建社会是一夫多妻,在这一节我们只讲了做媳妇的一般情形,至于小老婆,那还另外有些问题,这个,留到下节去讲。

五、再说"妾"

封建社会和奴隶社会所实行的一夫多妻制,

比较起来，有两点是不同的：第一，封建社会里，多妻的现象更发展了。拿中国的情形来说，根据甲骨文上的记载，商朝的王，最多的是讨三个老婆，周朝的天子和诸侯的老婆，最少的却也不止三个。我们在前面曾经讲到，周的天子、诸侯究竟规定有多少老婆，现在还闹不清，但是《公羊传》上说的"诸侯一娶九女，天子一娶十二女"，这大约是实在的。当然，这里说的"老婆"，都是指的正式老婆，至于被商朝的奴隶主们选作老婆的女奴隶，周朝贵族地主家庭里的"侍女"之类，那都是不算数的。第二，在封建社会里，家长制度更发展了，在家长制度的基础上产生了宗法制度，宗法制度规定只有大老婆的儿子才能承继他爸爸的家长地位，所以在许多老婆中间严格地区别出大老婆和小老婆来，就非常重要。商朝时候，因为儿子们可以依年龄长幼挨着承继当家长，老婆大小的区别就不大要紧，我们从甲骨文上看到的关于商朝人祭祀的记载，那上面凡是父亲的老婆，不分大小，一律都称为"妣"。周朝就不同了，大老婆是"正室""正妻"，小老婆就是"侧室""副妻"，名分上弄得清清楚楚的。小老婆又要分成各种各样，天子的大老婆叫后，小老婆分别叫作夫人、世妇、嫔和御妻；诸侯的大老婆叫夫人，小老婆分别叫世妇、妻、妾等，这是贵族中的情形。一般人的大老婆叫妻，小老婆叫妾。到后来的汉朝，名目就更多了，单是地主们的小老婆，就有小妻、小妇、少妇、旁妻、下妻、外妇等的区别。

小老婆的名目虽然有许多，但从周以来，都总称之为妾。汉朝人写的《白虎通》上说：妻妾者何谓也？妻者齐也，与夫齐体，自天子下至庶人，其义一也；妾者接也，以时接见也。这意思是说：妻和丈夫在名义上是同等的，从天子到老百姓都是一样；妾便只是有时和丈夫在一起的女人。也是汉朝人写的《汇苑》上又说：妾者接也，言得接见君子而不得为伉俪也。伉俪就是配偶，妾和丈夫过日子但不能算作正式配偶。男人可以讨许多老婆，可是在名义上妻却只有一个，这就是封建社会虚伪的所谓"一夫一妻"制。《吕氏春秋》上说，妻妾不分则家室乱。为了避免家庭闹乱子，礼法上把妻和妾的严格区分定为神圣的制度。春秋初期，许多封建领主曾经不遵守这个礼法，常常把心爱的妾提升为妻。后来齐桓公出来说要维持制度，他在公元前六四九年把各国的诸侯约到葵丘开会，定了一个盟约，第一条就是"毋以妾为妻"。按照封建的礼法，妻和夫的关系很严格，一个女子自然只有一个丈夫，一个男人也是只能有一个妻。封建法律上也规定有男人的重婚罪，当然这只是对娶妻来说，不是指讨妾说的，男人只要有钱讨上无数个妾都不犯罪，可是如果同时娶了两个妻那就不行，照唐朝的法律，"有妻更娶妻者，徒一年"。"徒"就是徒刑，即坐牢；宋朝和明朝的法律定得轻一点，若有妻更娶妻者，亦杖九十，就是打九十板子；坐牢和挨板子之外都判定离婚。如果妻子死了，本来按古礼的规定不能再娶，虽然那个男人可以有着许多个小老婆，但名义上他还是个"鳏棍子"，即是"守寡"的男人。可是这一条，男人们从来就不曾执行，妻子死了，或者另娶一个，叫作"续弦"，或者拿妾做妻，叫作"扶正"，这"续弦"和"扶正"的妻，唐朝人叫她作"接脚夫人"，宋以后叫作"填房"。不过，照社会的习惯，"接脚夫人"或"填房"，比起"原配"来，地位总要差一些。所谓"原配"，就是第一次结婚的妻子。

妻和妾同是老婆，但在地位上却有这样的

差别，道理在什么地方呢？从表面上看，是因为来源不同，《礼记·内则》上说："聘则为妻，奔则为妾。""聘"是聘问，就是我们在前面说过的按照"六礼"的手续娶来的；嫁人娶老婆不经过媒人的叫"奔"，就是不按照正式的手续来的。所谓"不按照正式的手续"，当然不会是做妾的那个女人平白无故地自己跑了来，那么，妾是怎样来的呢？按照周朝的情形说，妾的来源有四个，就是伴嫁来的、从自己父亲手里承继下来的、强占来的和用钱买来的。这里说的"伴嫁"，就是我们在第二章开头说到过的媵嫁制度，这是古时贵族里流行过的一种奇特的制度，一国或一姓的女子出嫁，有好几个同姓的女子随她嫁过去，看《左传》上的记载，这种结婚法在天子、诸侯、大夫里都有。随着嫁去的是新娘的"娣"（妹妹）和"侄"（哥哥的女儿）。天子结婚，凡和新娘同姓的国还要各选一个女子送去；诸侯结婚也有两个同姓的国送女子去。如果新娘有许多个娣侄，是不是统统都伴嫁去呢？照汉朝人的研究，说原则上是一娣一侄[12]；可是该到哪一个娣哪一个侄呢？这点从前的人还没有作过研究，照情形看，大约是挨着年龄的次序；汉朝人研究这种制度说，侄娣年十五以上，能共事君子，可以往。那就是十五岁以上的女子就可以随嫁了，但是娣侄都还不满十五岁怎么办呢？那就留在家里，等到满了年龄再送到丈夫家去⑬。这样讨来的老婆，做新娘的那个女人是妻，其他随了来的都是妾。这是妾的一个来源。

媵嫁制度在春秋时代非常盛行，到战国时期就渐渐没有了。周朝时候，封建领主们常常把自己的庶母拿来做老婆，庶母就是父亲的小老婆。照《左传》上的记载，卫宣公、晋献公、晋惠公、郑文公都干过这样的事。《左传》上把这种关系叫作"烝"或"报"，这种事情于礼法上当然不合，但是却并不被禁止，成了一种习惯法。那些被她的儿子从她的丈夫手里承继下来又当老婆的女人，就做了两代人的妾，这是妾的第二个来源。

封建时代常常发生战争，战败者的妻女，便往往被战胜者抢去做了老婆，比如《国语·晋语》上记载：周幽王打褒国，抓了褒姒来做老婆。晋献公打骊戎，把骊姬和她的娣都做了老婆。晋侯扣留了卫侯，卫国送了一个女子去把卫侯换回来，那个女子就做了晋侯的老婆。《吴越春秋》上说：越王勾践被吴王夫差打败了，送了一个叫西施的女子给夫差做老婆。这些老婆都只能是妾。至于贵族们、地主们看中了农民和普通老百姓的妻女，派人去抓了回来，那更是常有的事。这种强抢压迫的办法，也是妾的一个来源。

妾的第四个来源是通过买卖，《礼记·曲礼》上说妾和物品一样可以买进卖出；在封建社会里，只要有钱谁都可以买个小老婆。上面说的那三种办法，只有贵族里才实行或者只有他们才办得到，至于有钱而没有势力的人，要讨妾，就主要是靠拿钱去买。春秋战国时代买老婆的事情已经非常流行。《韩非子》上讲过一个故事，说卫国有两夫妇去烧香求菩萨，妻子向神祷告说，我希望无缘无故地得到一百捆布。丈夫听了不高兴，问她，为什么要得那样少？妻子瞪着眼睛说，不能再多，多了你就会拿去买小老婆！从这个故事里，我们就可以想象那时候妾的买卖是怎样的随便了。

妾的来源，除了上面说的四种以外，实际上地主们还把家里的女用人当作老婆。地主家的女用人只要是被看上了，老爷少爷们可以随便支配，但是这种老婆并不算作老婆，连妾的名义都没有，只有生了儿子又惹得老爷爱了，才能提升为小老婆；在这以前，她最多只是一个后补的妾。这样的情形，封建社会里非常普遍，大家如果读过《红楼梦》，那上面的袭人和贾宝玉的关系就是这样。汉朝人郑玄注解《曲礼》时曾经这样说过：妾，贱者。意思是：做妾的是下贱的人。在地主老爷们的眼睛里，凡家庭不是地主、贵族、没有爵位的，都是下贱货。封建的婚姻讲究"门当户对"，地主只有和地主才能正式结亲，一般的情形，地主家的妻都是别个地主家的闺秀小姐，这当然不是下贱人。

至于妾，比起妻来她总是不如，但是如果我们来把上面所说的情况分析一下，就可以看到妾中间又有很多的区别。"伴嫁"过来的妾，她和那个新娘都是地主贵族的女儿，她也就不贱，按《左传》上的记载，侄娣不仅和妻在出嫁上是连带的，离婚也是连带的，如果和妻离婚就要和侄娣离婚，而且大家生的儿子也是连带的，《穀梁传》上说"侄娣……一人有子，三人缓带"，侄娣生的儿子可以等于大老婆生的，和大老婆的儿子可以算为同母兄弟。原是自己庶母的那种妾，如果出身是地主家，也可以作为正式老婆，她生的儿子也可以承继他父亲的爵位,比如晋献公把自己的庶母齐姜做了老婆,齐姜生了个儿子叫申生,申生就曾经被立为太子。从战败者手里抢来的妾,这是特殊情形,这种妾的地位的贵贱,主要是看能不能得到做丈夫的那位老爷的宠爱。至于一般的从老百姓家抢来的女子、用钱买来的妾和丫头使女,那是注定的下贱人,绝无例外。一般来说,妻和妾比较,自然是妻贵妾贱,产生这种贵贱地位的原因,我们在上面说了是由于各自的来源不同,但是同时我们又说这只是从表面上看的,因为如果从实质上看,这种贵贱的分别,还是由于阶级地位的不同。

正是因为这些,所以在古时候,贵族里的妾就有贵妾和贱妾的分别,天子诸侯的世妇、妃嫔之类,伴嫁来的侄娣都是属于贵妾;其余的侍妾则是属于贱妾。在一般地主的家庭里,也有类似的情形,二太太、三太太和那些还够不上称太太的妾总有许多差别。不过,既然都是妾,不管分别如何,总不能和妻的地位相等,《仪礼》上说,妾称丈夫为"君","谓夫之嫡室曰女君","嫡室"就是"正室""正房"、大老婆;到后来的汉朝,妾还有把丈夫称为"主父",把丈夫的妻称为"主母"的。按照礼法,妾死了,家里的人都不穿孝服,只有妾的儿子可以戴一点很轻的孝。《仪礼》上又说:妾之事女君与妇之事舅姑等。妾要拿对待公公婆婆的态度来对待丈夫的妻。在一般地主和普通人的家里,小老婆除了要如上一节里说的那样伺候公婆丈夫之外,还要像伺候他们一样地伺候大老婆。丈夫死了,大老婆的儿子就成为妾的主人,他可以任意支配他的庶母,可以和我们前面讲的把她拿来再做自己的妾。对于承继家长地位的那个儿子来说,庶母和自己的亲生母亲完全是两样人。《礼记·檀弓》里说,有个叫子柳的,母亲死了,没有钱安葬,他就打算把自己的庶母出卖了来埋葬母亲。这种事不仅不被人批评,而且他还可以算是孝子哩!我们在上节里说,在封建家庭里做媳妇的女人要忍气吞声,日子很难过,可是做妾的女人和她比较,就更凄惨。当然,还有那些丫头、使女、女用人,她们又还不如妾,那是更受压迫的人。

本来,在周朝初年讨小老婆只是地主贵族里的事,《文中子》上曾说,一夫一妇,庶人之职也。"庶人"是老百姓,"职"是本分的意思,就是说只娶一个老婆是做老百姓的本分。这种情形到后来就不同了。春秋战国时代是中国初期封建经济大大发展的时期，这时期讨小老婆的风气也开始盛行起来，虽然它和后来的汉朝比较，还差得很远，但已经成为社会上普遍的现象了，不仅地主、贵族们大讨小老婆，就是一般的商人、手工业者发了一点财的，也往往拿钱买妾。《庄子》上记载，阳子去宋国，宿在一个客栈里，看见那家栈房老板就有两个小老婆。孟子有一次为了表示他要做一个节俭的人，曾经说过这样的话："食前方丈，侍妾百人，我得志弗为也。"（《孟子·尽心下》）"食前方丈"，就是吃饭的时候面前的菜碗摆了一方丈的地方，"侍妾百人"就是有上百个小老婆伺候自己，孟子说他得了志不去这样做。孟子是战国时人，以那时的经济情况，是否可以有老婆上百的场面，我们还有些怀疑，这恐怕是夸大的说法；但是当时一定有人讨了许多许多小老婆的，不然"侍妾百人"这样的话，孟子就说不出来，甚至他要去想象也很困难。

六、最初的封建城市与最初的娼妓制度

在上一节的末尾,我曾经说过,"春秋战国时代是中国初期封建经济大大发展的时期",这个发展是先后不齐的。周朝时候,中国分成许多个诸侯国,在这些国家里,最早发展起来的是齐国,齐在现在山东省的北部、东部和河北省的南部。齐国经济的发展,主要是因为发明了风箱。风箱是打铁必需的家具,有了它,铁制农具就普遍地使用起来。铁比铜硬,挖起地来又快又深,所以生产技术大大改进。胶东本来是土地肥沃的地区,便于发展农业;山东还有海水可以熬盐,捕鱼也是一项大宗出产。齐国到桓公的时候,有个叫管仲的人,帮助他极力改良政治,提倡生产,齐就渐渐地富强起来。接着发展起来的是晋国,晋在现在山西省和河北省的南部,这地方也是天然的产粮地区,铁矿又很多,不过原先常有狄族和骊戎的扰乱;自从晋献公打败了骊戎,晋文公和狄族建立了友好关系,在和平的环境里,晋国的农业生产就很快地发展起来。接着是秦国,秦在现在陕西省的西南部,关中一带是被称为"沃野千里"的地方,秦从晋国传来了进步的生产技术,到秦穆公的时候,也开始强盛起来。在南方,现在湖北省的楚国、江苏省的吴国、浙江省的越国,原来都是落后的,自从建立封建制度以后,接受了北方的生产技术,生产也先后发展起来。它们在生产上,虽然很长的时期都没有赶上北方,但是由于地方好,物产丰富,楚到庄公,吴到阖闾,越到勾践的时候,也都开始富强了。另外,山东西南部的鲁国,河南、江苏边境的宋国,河北省的燕国,河南省中部的郑国,它们的经济力量虽然赶不上齐、晋、秦、楚,但在生产上也前前后后地都有很大发展。

在这些诸侯国里,跟着农业生产的发展,手工业和商业也开始发展起来。封建社会里的手工业和商业,原先都是贵族地主们设立的,是专门为了满足他们自己的需要。做工和经商的人,都是农奴,中国古书上把这种情形叫作"工商在官"。到了春秋战国时候,慢慢地有了老百姓经营的商业和手工业,不过这种商人和手工匠人,除了自己的货物可以自由买卖之外,他们还是和农奴一样,要向贵族地主们纳税、进贡和服劳役。春秋时代的后期,中国的商业和手工业都已经很发达,商人们的生意做得很远,也有了许多很精致的手工制成品，比如那时候齐国的陶器和丝绢、秦晋的玉石和皮毛、楚国的铜器、吴国的刀剑，都是销行各地，远近驰名的。工商聚集的地方，就慢慢地发展成为都市。那时候，齐国的临淄、晋国的绛（山西省翼城县西南）、秦国的咸阳，楚国的寿春（安徽省的寿县）、吴国的吴（江苏省的吴县）、越国的会稽（浙江省的绍兴县）等地方，都先后成了繁盛的城市。

城市是热闹的地方，汉朝人刘向编的《战国策·齐策》上，记载有苏秦讲临淄的情形，他说，临淄之中七万户……临淄之途，车毂（音谷）击，人肩摩，连衽（音任）成帷，举袂（音妹）成幕，挥汗成雨。翻成现在的话，意思就是：临淄住着七万家人，路上车轮碰着车轮，走路的人肩头挨着肩头，大家把衣裳拉开，连着就成了帷子，把衣袖举起，合起来就成帐幕，抹下头上的汗水一洒，就像是在下雨了。城市里那样集中地住着许多的人，比起农村来，成分和生活当然要复杂得多。苏秦讲临淄的人，他说，其民无不吹竽鼓瑟，弹琴击筑，斗鸡走狗，六博蹋鞠者。竽、瑟、琴、筑，都是古时候的乐器；斗鸡是看鸡打架，走狗是用狗打猎，六博是走棋子，踢鞠是踢皮球,都是古时候的游戏。苏秦说临淄的人没有不会吹弹游戏的。城里住着的,有大大小小的商人,各行各类的手工业者,诸侯,地主,靠贵族地主生活的游客说士,没有职业的流浪人,一直到流氓、地痞、二流子,真是各色各样,五花八门。城市出现之后,农村里的人,有许多就朝城市里跑,中国古书上把这种情形叫作"野与市争民"。跑到城市去的,其中有一些是地主,他们搬去是为了享福的;有一些是农民,家乡生活不了,想到城市找点出路或发点财;有一些是农奴,受不了地主的剥削压迫,偷跑到城市里去想过点自由的日子。这中间有男的也有女的。农民和农奴跑到城里,有的是充当店伙、小贩、家庭杂役和手工匠人,也有的找不到职业成了游民。游民是只要能够活命,什么都可以干:或者临时找个短工做,或者向人讨点东西吃,或者做小偷,或者向老实的人敲诈一下,或者当强盗抢人。其中也有一些人做了娼妓。城市里有些贵族、地主、游客和说士,他们闲得无聊,需要嫖妓,有些商人、手工业者发了财的也要嫖妓,妓院不只是最野蛮残酷地摧残妇女的地方,也是地主们交际应酬联络感情和大商人们讲生意做买卖的地方。这样，在城市里，就有许多女人因为生活的逼迫，把当娼妓作为固定的职业。娼妓制度是随着城市和商业的发展而发展起来的。在旧社会里，城市越大，娼妓也就越多，中国的这种情形一直到新中国成立以后才改变了样子。春秋战国时代，就是中国的娼妓制度开始发展的时期。我们在前面讲过"巫娼"，说那是中国最早的娼妓，但是巫娼和后来的娼妓比较，还很不相同，主要是在：第一，数量究竟还少，还不是社会上很普遍的现象；第二，那种娼妓，名义是做巫，当娼还不是她公开的职业；后来社会上的娼妓，那就和开店子一样，进行自由交易，还要给政府纳捐上税，社会上都公认做娼是一种职业，虽然是被人最看不起的职业。所以严格说来，巫娼还不是正式的娼妓，中国正式的娼妓制度是从春秋战国时代开始形成的。

"娼妓"这个名词，古时候的说法，和我们现在还不相同。那时候是娼"优"不分，男女不分。"优"是演戏唱歌的人，从前把这种人都和娼妓归作一类，演戏唱歌的当然不只有女人，还有男人，因此又是男女不分，都可以做"娼"。中国古时候没有女字旁的"娼"字，是写人字旁,就是我们现在写的"提倡"的"倡";妓字也是人字旁,写作"伎"。这种情形一直保持到唐朝,比如唐朝有个著名的世代的音乐家李延年,别人给他写诗说:"身及父母兄弟皆故倡也。"就是说他和他的父母兄弟都是做倡的。从唐朝开始才有了女字旁的"娼妓"两个字。那样把演戏唱歌都看作"倡",这是表示封建地主阶级糟蹋艺术,是对艺术家、音乐家的侮辱。封建社会的艺术家们被地主阶级压迫的情形,这里不去讲它,现在只讲摧残妇女的肉体和精神的娼妓制度。春秋战国时代有三种娼妓,就是妓院里的妓女、地主贵族家里养的妓女和社会上的私娼。

中国的妓院制度,是从春秋时代的齐国开始创立的,创立妓院的是齐桓公的大臣管仲。《战国策·东周策》上说他设立"女闾七百"。古时候的街道,街口都有墙和门,这门就叫作"闾","女闾七百"就是街上住着妓女,有七百家。"女闾"里面的妓女是哪里来的?从前的书上都没有说过。照我们想来,大约不外三个来源:一个是收纳从农村来到城市但又找不到生活出路的妇女和破落了的小商人、手工业者家庭的妻女;一个是女奴隶,中国的奴隶制度从周朝、汉朝一直到南北朝都还在社会上有许多残留，奴隶可以买卖，可以买些女奴隶来做娼妓；第三个是女俘虏，齐桓公打过许多仗，从战败国家抓回来的妇女，"女闾"也是一个安置的地方。这种妓院是官方经营的，清朝人褚学稼说："管子治齐，置女闾七百，征其夜合之资，以充国用。"（《坚瓠集续集》）管仲设妓院的目的，就是叫妓女赚了钱，作为国家的收入。齐在中国的北方。南方设立妓院最早的是越国。汉朝人写的《吴越春秋》和《越绝书》上说：越王勾践把许多妇女弄在一个山上，那个地方叫"独妇山"，以游军士和使士之忧思者游之。就是说让军士们去玩和让闷得发烦的那些游客说士们去玩。这也是一种官营的妓院，不过和"女闾"不同，老百姓不能去。齐国创设妓院以后，在战国时代，其他许多国家的城市里也先后有了类似"女闾"的东西。比如秦国在军队里设过"军市"，这是和"独妇山"差不多的妓院，就是在军队驻地附近指定的区域，设立妓院，开放了，谁都可以去。商鞅的《商君书》"垦令篇"说：令军市无有女子……轻惰之民，不游军市……则农民不淫。这是商鞅为了发展生产提出的主张，意思是说：使"军市"里没有了妓女，游手好闲的老百姓，就再不到"军市"去逛，农民就不浪荡了。从这几句话里，我们可以看到，那时候普通老百姓和农民都到妓院去的。

地主贵族当然也上妓院。地主贵族都是有钱有势有身份的人，一般人都可以去的地方他们就不爱去。许多地主贵族除了去好的妓院之外，还在家里养着妓女。这养在家里的娼妓，在周朝和汉朝的时候叫作"女乐"，到魏晋南北朝就干脆也称之为妓，又叫"家妓"。春秋时候"女乐"最流行的是齐、郑两国，战国时候最流行的是齐、楚两国。这种妓女都会吹弹歌舞，除了供给养着她们的地主玩乐之外，还陪家里的客人。我们在前面曾经提到过的楚国的诗人屈原，他有一个学生叫作宋玉，也是写诗的。宋玉写过一首《招魂》，那上面有一段描写贵族家里玩妓女的情形：地主们喝着酒，女乐在旁边歌唱；妓女也喝酒，醉得脸红红的，长头发甩来甩去，眼睛到处瞟；许多妓女起来跳舞，房子都震动了；男男女女乱七八糟地坐着，走棋赌博，怪声呼叫，从白天一直闹到深夜。"女乐"的来源，也和"女闾"一样，大部分是买来的。周朝和汉朝时候，地主贵族们不但弄些妇女在家里养着,供自己玩乐,还和别的物品一样,把妇女送给别的地主贵族,作为送礼献人情。例如《韩诗外传》上说秦国缪公送过戎王"女乐二列",《史记》《孔子世家》记载齐国送了鲁国国君八十个"女乐"。这类事情,《左传》上还有许多。

戴花钗三女仆(重庆化龙桥东汉墓出土妇女婢仆俑摹绘)
(左)献食女婢陶俑
(中)持瓶女婢陶俑
(右)杵舂女婢陶俑

注释:

①封建社会里人有贵贱之分,农民都是贱的,在贵族中又有由天子而下的各种等级,下级要服从上级。与这种等级相适应的,又形成等级的身份爵位制,这在周朝,有所谓公、侯、伯、子、男。

②彤,音同,红色。管,古时的一种乐器,像现在的笛子,有两个孔。从前有人把彤管解释为红管毛笔,说是宫里的女官用来记后妃的事情的,那是不对的。

③蓷,音推,就是益母草。那首诗的第一章的末尾是:"慨其叹矣,遇人之艰难矣!"第二章末尾说:"条其歗矣,遇人之不淑矣!"第三章末尾说:"啜其泣矣,何嗟及矣!"歗,啸字的古写,呻吟的意思。

④这段记载的原文,关于贵族离婚的情况是这样的:"使者将命曰:'寡君不敏,不能从而事社稷宗庙,使使臣某敢告于执事。'主人对曰:'寡人固前辞不教矣,寡君敢不敬须以俟命。'有司官陈器皿,主人有司亦官受之。"关于老百姓离婚的情形,原文是:"夫使人致之

曰：'某不敏，不能从而共粢盛，使某也敢告于侍者。'主人对曰：'某之子不肖，不敢辟诛，敢不敬须以俟命'。使者退，主人拜送之。"

⑤"鸡初鸣，咸盥漱，栉縰，笄总，衣绅。左佩纷帨、刀砺、小觿、金燧；右佩箴管、线纩、施繁帙、大觿、木燧；衿缨、綦屦，以适父母舅姑之所。及所，下气怡声，问衣燠寒，疾痛苛痒而敬抑搔之；出入则或先或后而敬抑扶持之。进盥，少者奉盘，长者奉水，请沃盥，盥卒，授巾。问所欲而敬进之，柔色以温之。"（《礼记·内则》）

⑥"子妇跣而上堂，跪而斟羹。"（《淮南子》）

⑦"在父母舅姑之所，有命之，应唯敬对，进退周旋慎齐。升降出入揖，游不敢哕噫、嚏咳、久伸、跛倚、睇视，不敢唾洟。"（《礼记·内则》）

⑧"凡妇，不命适私室，不敢退。妇将有事，大小必请于舅姑。"（《礼记·内则》）

⑨"听于无声，视于无形；不登高，不临深，不苟訾，不苟笑；立必正方，不倾听，毋噭应，毋淫视，毋怠荒。"（《礼记·曲礼》》

⑩"不敢悬于夫之楎椸,不敢藏于夫之箧笥,不敢共湢浴。夫不在,敛枕箧簟席,襡器而藏之。"(《礼记·内则》)

⑪《礼记·杂记(上)》说,凡妇人无爵,从其夫之爵位。如天子的妻子为后,诸侯的妻子为夫人,大夫的妻子为命妇等。

⑫《左传》上记载,有许多贵族家的姊妹嫁到了不同的国,可以证明这种说法。晋文公同时娶了秦伯的五个女儿,这应当是例外的情形。

⑬何休注《公羊传·隐公七年》"叔姬归于纪"说:"叔姬者,作姬之媵也。至是乃归者,待年父母国也。妇人八岁备数,十五从嫡,二十承事君子。"就是说的这个情形。

出版说明

"新编历史小丛书"承自20世纪60年代吴晗策划的"中国历史小丛书",其中不少名家名作已经是垂之经典的作品,一些措辞亦有写作伊初的时代特征。为了保持其原有版本风貌,再版过程中不做现代汉语的规范化统一,读者阅读时亦可从中体会到语言变化的规律。

"新编历史小丛书"编委会